相続放棄と限定承認の実務

—相続の基本的な仕組みから
　　相続財産管理人の活用まで—

石田 健悟 著

発行 テイハン

はじめに

　相続が開始すると、相続人は、相続を単純承認するか、相続放棄あるいは限定承認するかを選択することができます。その選択をするためには、被相続人の資産の内容や生前の被相続人との関係性に加えて、相続がいつ・どこで開始され、どのような効果があり、誰が相続人となり、各相続人はどれほどの相続分を有するのか、また、遺言があるときとないときでは手続・効果はどのように異なるかという民法の定める相続の基本的な仕組みを理解していることが必要になります。

　本書は、読者の対象を法律専門職のみでなく、研究者、大学生、さらには一般の方も含めています。より多くの方に相続の全体像を理解してもらうために、第1章では、相続の基本的な仕組みを確認していきます。

　また、筆者が司法書士として、相続放棄や限定承認の実務に従事する中で感じるのは、しっかりと相続財産の調査をしたわけではないのに、「被相続人とは生前から絶縁状態だから」「被相続人が債務超過の状態で死亡したから」という理由で相続放棄を選択したり、「被相続人に債務があるものの資産状況が今一つはっきりしないから」と限定承認を選択したりする方が多いということです。

　しかし、徹底した相続財産の調査によって、それまで親族が把握していなかった多額の預貯金が発見されることや、相続債務が当初の予想より少ないことが判明することがあります。筆者の経験でも、相続放棄を検討していた方が、相続財産の調査によって、想定外の積極財産があることが判明し、一転して、単純承認するに至ったというケースがあります。限定承認においても、それを選択すると被相続人の相続財産の換価や相続債務の弁済等の清算のために、特定の相続人が負担の大きな事務を遂行することになってしまいますが、熟慮期間に相続財産をしっかり調査することで、被相続人の相続財産中の積極財産と消極財産の内容が判明すれば、限定承認の選択をせずに済むようになるのでは

ないでしょうか。熟慮期間は、伸長することができるので、できる限りその期間内に調査を尽くすべきだと思います。この熟慮期間中の実務については、第2章において解説します。

　最後に、第3章においては、本書の主題のとおり、相続放棄と限定承認の実務を解説します。実務の場面では、状況に応じて各種の相続財産管理人制度を活用することになるので、本書においては、その点を意識して、相続放棄と限定承認の実務に加え、それに関連する各種の相続財産管理人の活用場面や職務についても触れていきます。

　本書が、法律専門職から一般の方まで、幅広い層の方々にとって相続放棄・限定承認の理解のお役に立つことができましたら幸いです。

目　次

第1章　相続の基本的な仕組み

第2章　熟慮期間の実務

第3章　相続放棄・限定承認の実務

巻 末 資 料

第1章

相続の基本的な仕組み

相続について単純承認するか、相続放棄あるいは限定承認するかの選択をするには、相続の基本的な仕組みを理解する必要があります。

相続は、いつ・どこで開始され、どのような効果があり、誰が相続人となり、各相続人はどれほどの相続分を有するのか、また、遺言があるときとないときでは手続・効果はどのように異なるか、ということを分かっていないと、きちんとした相続の選択をすることができません。特に相続放棄を選択すると、相続開始時から相続人でなかったものとみなされるので、相続放棄をしない場合に法律上どのような仕組みのもとで、どのような効果を享受することになるかということを知っておくことは意義があることだと思います。

そこで、本章では相続法の基本的な仕組みを確認していきます。

第1　総　論

1　相続の効果

相続が開始すると、被相続人の財産に属した一切の権利義務は、原則的に、一身専属的な権利義務[※1]及び祭祀財産[※2]を除き、相続人に相続分によって包括的に承継されます（民法896条、897条）。

※1　一身専属的な権利義務とは、扶養等の身分法上の権利義務、商事法上の役職・地位に伴う権利義務、委任契約や雇用契約に伴う権利義務等の特定の個人の唯一性や独自の信用を基礎として発生・継続し得る権利義務のことです。

※2　祭祀財産（系譜、祭具及び墳墓）の所有権の承継は、①被相続人の指定、②慣習、③家庭裁判所の決定の順番で決まります（民法897条）。民法897条は、「前条の規定にかかわらず」として、祭祀財産の承継については、相続の一般的効力を規定する民法896条の適用を廃除していますが、これは、祭祀財産の承継が、民法896条を前提とする相続の一般的な仕組みから外れることを意味し、その承継については、被相続人の相続人が誰であるかという問題とは切り離されて決定されることになります。例えば、被相続人に子（第一順位の相続人）がいる場合でも、祭祀財産の承継者を被相続人の兄弟姉妹とすることもできます。

第1 総 論

この「一切の権利義務」には、債権・債務、所有権をはじめとする物権、知的財産権、財産法上の法律関係や法的地位等が含まれ、相続が開始するとそれらの承継が個々の権利義務ごとに判断されるわけではなく、すべての権利義務が包括的に相続人に承継されます。ただし、被相続人が遺言をしていたときは、遺言の内容により、包括的・個別的に各相続人や受遺者に承継されます。

相続によって不動産、自動車、預貯金等を承継した相続人は、不動産の相続登記や各種の名義変更手続を行うことになります。

なお、相続放棄をした者は、初めから相続人でなかったものとみなされるため、被相続人の相続について、権利義務を承継することはありません。

2　相続の開始

相続は、被相続人の死亡により、同人の住所において開始します（民法882条、883条）。なお、失踪宣告を受けた者も死亡したものとみなされるため（民法31条）、普通失踪においては、生死不明の状態が7年間経過したときに、特別失踪においては、危難が去ったときに相続は開始します（民法30条1項・2項。失踪宣告の審判申立書例は巻末資料3を参照）。

3　同時存在の原則

(1)　意　義
相続人は、被相続人の死亡したときを基準として決定されます。

(2)　胎　児
原則的に、私権の享有は、出生により始まりますが（民法3条1項）、相続が開始したときにたまたま胎児であった者の利益を不当に害することは不公平ですので、胎児は、相続については既に生まれたものとみなされ（民法886条1項）、被相続人の相続人になることができます。ただし、死産の場合には、初めから相続人にならなかったものとして扱います（同条2項）。

相続登記においても、胎児の母が法定代理人として申請することで、胎

児は、「亡Ａ妻Ｂ胎児」という名義で登記名義人になることができます。出生前は、相続関係が未確定のため、胎児のために遺産分割を行うことはできないので、胎児を含む法定相続分の割合による相続登記をすることができるにとどまります。出生後は、既に登記されている胎児の氏名・住所の変更登記をすることになります。なお、死産の場合は、錯誤を原因とする所有権の更正登記をすることになります。

(3)　**同時死亡**

　複数の者が同時に死亡した場合、死亡した者同士は相互に相続人になりません。

　例えば、子を親族に預けて旅行中の夫婦が、同乗する飛行機の墜落事故で死亡した場合等、厳密には同時に死亡することはないとしても、実際にはどちらが先に死亡したかはっきりしない状況においては、同時に死亡したものと推定します（民法32条の２）。その場合、夫婦は相互に相続人になることはありませんので、夫の相続人は子のみ、また妻の相続人も子のみということになります。

第2　相続人とその資格

1　相続人

(1)　**配偶者相続人**

　法律婚の配偶者は、常に相続人になります（民法890条）。これを配偶者相続人といいます。

(2)　**血族相続人**

　常に相続人になる配偶者相続人と異なり、血族相続人は次の順位で相続人になります。

①被相続人の子及びその代襲相続人である直系卑属（第一順位）

②被相続人の直系尊属（複数いる場合は、親等数が近い者）（第二順位）

③相続人の兄弟姉妹及びその代襲相続人である兄弟姉妹の子（第三順位）

　なお、先順位の相続人が1人でもいれば、後順位の者が相続人になることはありません。被相続人に①の血族相続人がいれば、②③の者は相続人になることはありませんし、①の者がいなくても②の血族相続人がいれば、③の者は相続人になることはありません。

(3)　**養　子**

　普通養子縁組により養子になった者は、養子縁組の日から養親の嫡出子の身分を取得するため（民法809条）、養子は養親の実子と同一の相続権を有します。また、普通養子縁組により養子になった者は、養子縁組後においても実親との親族関係が継続するため、養親及び実親の第一順位の相続人になります。

　一方、特別養子縁組により養子になった者は、原則として、実方の父母及びその血族との親族関係は終了するため（民法817条の9）、養子になった者は、養親の第一順位の相続人にはなりますが、実親の相続人にはなりません。ただし、夫婦（例えば、B及びC）の一方（例えば、C）が特別養子縁組により他の一方（例えば、B）の嫡出子の養親になるときは、嫡出子と実親B及びBの血族との間の親族関係は終了しないため（同条ただし書）、嫡出子は、実親Bの第一順位の相続人になります。

(4)　**非嫡出子と認知**

　ア　母と認知

　　母と非嫡出子との間の法律上の親子関係は、原則として母の認知を待たず、分娩の事実により当然発生すると解するのが相当であるとされます（最判昭和37年4月27日民集16巻7号1247頁）。したがって、非嫡出子は、母の相続については、第一順位の相続人になります。

　イ　父と認知

　　非嫡出子と父との間の法律上の親子関係は認知によって初めて発生します（最判昭和54年6月21日判時933号60頁）。したがって、非嫡出子は、父の相続については、父からの認知がない限り、相続人になることはあ

りません。

(5)　代襲相続

ア　意　義

　　代襲相続とは、被相続人の相続開始以前に、相続人になるべき子や兄弟姉妹（以下、「被代襲者」といいます。）が既に死亡していたり、相続欠格や推定相続人の廃除によって相続人の資格を失っていたりするときに（以下、「代襲原因」といいます。）、その子（以下、「代襲相続人」といいます。）が代わって相続をするという仕組みです（民法887条2項、889条2項）。

　　なお、直系尊属については、民法889条1項1号が直接適用されるので、子も父母もいない被相続人に祖父がいるというときは、その祖父が相続人になりますが、これは代襲相続によるものではありません。

イ　代襲原因

　　代襲原因に相続放棄は含まれないので、相続人になるべき子や兄弟姉妹が相続放棄をしたとしても、代襲相続は生じません。

ウ　縁組前の子

　　被相続人の孫が代襲相続人になるためには、その孫が被相続人の直系卑属である必要があります（民法887条2項ただし書）。被相続人の子が養子で、その養子に縁組前の子がいるときは、その縁組前の子は被相続人と法定血族関係になく、直系卑属にあたらないため（民法727条）、仮に被相続人の相続開始以前にその養子に代襲原因が生じたとしても代襲相続人になることはありません。一方、被相続人の養子の子が、縁組後の子であるときは、その縁組後の子は被相続人と法定血族関係にあり、直系卑属にあたるため（民法727条）、被相続人の相続開始以前にその養子に代襲原因が生じたときは代襲相続人になります。

エ　再代襲

　　代襲相続人になる被代襲者の子（被相続人の孫）についても代襲原因が生じたときは、さらにその子（被相続人のひ孫）が代襲相続人になり

（再代襲）、これは直系卑属がいる限り続くことになります（民法887条 3項）。

　一方、兄弟姉妹については再代襲が認められないので、被相続人の相続開始以前に相続人になるべき兄弟姉妹に代襲原因が生じたときの代襲相続人は兄弟姉妹の子までとなります（再代襲を規定する民法887条3は、兄弟姉妹の相続権を規定する民法889条2項によって準用されていないためです。）。

オ　代襲相続人の相続分

　代襲相続人の相続分は、被代襲者の相続分によって定められ、同一の被代襲者について代襲相続人が複数いるときは、代襲相続人間で均分相続されることになります（民法901条1項2項）。

2　相続人資格の剥奪

(1)　相続欠格

ア　意　義

　民法891条は、次の欠格事由がある場合、その者は、何らの手続を必要とせず当然に相続人になることができないと規定しています（なお、この規定は民法965条により受遺者にも準用されています。）。もし、相続欠格者が相続人として遺産分割協議を行い、被相続人の遺産を取得したときは、真の相続人からその相続欠格者（表見相続人）に対して、相続回復請求権（民法884条）の行使が認められます。相続欠格には、後述の推定相続人の廃除と異なり、被相続人の意思により、相続欠格者の相続人の資格を回復する規定はありません。

①故意に被相続人又は相続について先順位若しくは同順位にある者を死亡するに至らせ、又は至らせようとしたために、刑に処せられた者（民法891条1号）

②被相続人の殺害されたことを知って、これを告発せず、又は告訴しなかった者（ただし、その者に是非の弁別がないとき、又は殺害者が自

己の配偶者若しくは直系血族であったときを除く。民法891条2号）

③詐欺又は強迫によって、被相続人が相続に関する遺言をし、撤回し、取り消し、又は変更することを妨げた者（民法891条3号）

④詐欺又は強迫によって、被相続人に相続に関する遺言をさせ、撤回させ、取り消させ、又は変更させた者（民法891条4号）

⑤相続に関する被相続人の遺言書を偽造し、変造し、破棄し、又は隠匿した者（民法891条5号）

イ　二重の故意必要説

　相続欠格が判例で問題となるのは、ア⑤についてのものが多いようです。ア⑤に該当すると判断されるためには、その行為を行うことについての故意のみでなく、その行為が相続に関して不当な利益を目的としてなされたという故意が必要になるとされています（最判平成9年1月28日民集51巻1号184頁）。

ウ　効　果

　相続欠格事由があると、その者は法律上当然に、相続開始時に遡って相続人・受遺者になる資格を失います。

　ただし、相続欠格は特定の被相続人に対する関係においてのみ相続人・受遺者になる資格を失うだけなので、例えば、子が父の相続について相続欠格事由がある場合、その子は、父の相続人になれなくても、母の相続については何らの制限なく相続人になることができます。

(2)　推定相続人の廃除

ア　意　義

　遺留分を有する推定相続人（相続が開始した場合に相続人となるべき者）による、被相続人に対する①虐待、②重大な侮辱、③その他の著しい非行があったときは、被相続人は、その推定相続人の廃除を家庭裁判所に請求することができます（民法892条）。前述の相続欠格と異なり、被相続人の意思により、相続人としての資格を失わせる制度です（ただし、廃除の可否は、単に被相続人の主観的な感情や恣意だけで判断され

るのではなく、そのような行為に至った背景を踏まえつつ、社会通念に
照らして客観的に判断されます。)。

　廃除の対象になる推定相続人は、被相続人の相続について遺留分を有
することが要求とされているので、兄弟姉妹は、たとえ推定相続人であ
っても廃除されることはありません。遺留分のない兄弟姉妹については、
遺言により財産を相続させないことにするか、全財産を兄弟姉妹以外の
者に贈与・遺贈することで廃除と同じ目的を達成することができるため
です。

イ　手　続

　廃除は、被相続人が、生前に家庭裁判所に対して、その審判の請求を
することで行うことができます（申立書例は巻末資料4を参照）。手続
開始後に廃除するために、遺言によって廃除の意思表示をすることもで
きます。遺言による場合は、遺言執行者は、遺言が効力を生じた後、遅
滞なく、その推定相続人の廃除の審判を家庭裁判所に請求しなければな
りません（民法893条本文。申立書例は巻末資料5を参照）。そのため、
遺言により廃除の意思表示をする場合は、遺言執行者の指定についても
遺言中に記載しておくことが望ましいとされています。

ウ　廃除の取消し

　被相続人は、いつでも、推定相続人の廃除の取消しの審判を家庭裁判
所に請求することができます（民法894条1項）。生前に家庭裁判所に廃
除の取消しの審判を申立てることもできますし（申立書例は巻末資料6
を参照）、相続開始後に廃除の取消しをするために、遺言によってその
旨の意思表示をすることもできます。遺言によるときは、遺言執行者は、
遺言が効力を生じた後、遅滞なく、その推定相続人廃除の取消しの審判
を家庭裁判所に請求しなければなりません（民法894条2項の準用する
同法893条。申立書例は巻末資料7を参照）。そのため、遺言により廃除
取消しの意思表示をする場合も、遺言執行者の指定についても遺言中に
記載しておくことが望ましいとされています。

　　なお、遺言による廃除の取消しは、生前に行った廃除の効力を取り消すものです。前の遺言により行った廃除の意思表示を後の遺言で取り消す場合は、遺言の撤回により行うことになります。

エ　効　果

　　廃除や廃除の取消しは、その審判が確定することで効力を生じ、市区町村役場の戸籍係にその旨の届出がなされると、その旨が戸籍に記載されます。

　　被相続人の生前に廃除の審判が確定した場合、廃除された者はそのときから被相続人の相続人になる資格を失います。また、廃除審判が確定する前に相続が開始した場合や遺言による廃除の場合は、廃除された者は相続開始時に遡って被相続人の相続人になる資格を失います。

　　ただし、廃除は特定の被相続人に対する関係においてのみ相続人になる資格を失うだけですので、例えば、子が父から廃除された場合、その子は、父の相続人になれなくても、母の相続については何らの制限なく相続人になることができます（相続欠格と異なり、廃除は遺贈の受遺者としての地位に影響を与えません。）。

3　相続人の不存在

　相続人全員が相続放棄をしたときや、そもそも代襲相続人を含めて相続人がまったくいないときのように、相続人が不存在の場合（相続人がいるか明らかでない場合）、相続財産を管理する者がいないと財産が散逸してしまうおそれがあります。そのため、そのようなときは、相続財産自体を法人とみなして権利主体になれるようにし（民法951条）、相続財産管理人を選任して相続財産の管理・清算手続がなされる仕組みが採用されています（詳しくは、第3章第1の9で触れます。）。

　なお、法定相続人がいなくても、包括受遺者がいる場合は、「相続人が不存在の場合（相続人がいるか明らかでない場合）」にあたりません（最判平成9年9月12日民集51巻8号3887頁）。包括受遺者は、相続人と同一の権利義務を

有し（民法990条）、遺言者の死亡の時から原則として同人の財産に属した一切の権利義務を承継するのであって、相続財産全部の包括受遺者が存在する場合には、相続人が不存在の場合（相続人がいるか明らかでない場合）の民法951条から959条までの規定による諸手続を行う必要がないためです。

第3 相続の選択

1 相続選択の自由

　相続をすることは、相続人の義務ではないため、相続人は相続をするか否かを選択することができます。民法は、①単純承認、②限定承認、③相続放棄の3つの選択肢を用意しています。

　単純承認を選択すると相続人は、積極財産・消極財産を問わず、被相続人の財産に属した一切の権利義務を無限に承継することになります（民法920条）。債務等の消極財産が積極財産よりも過大にあるときは、相続人は、自己の固有財産から弁済しなければなりません。限定承認を選択したとしても、相続人は、積極財産・消極財産に関わらず、被相続人の財産に属した一切の権利義務を承継することになりますが、単純承認と異なり、消極財産が積極財産よりも過大にあるときは、被相続人から承継した積極財産の限度でのみ債務の弁済等の責任を負うにとどまります。相続人の固有財産から相続した債務の弁済をすることはありません。一方、相続放棄を選択すると、その相続人は、被相続人の相続開始時から相続人でなかったものとみなされるので、被相続人の積極財産も消極財産もどちらも承継することはありません。

2 熟慮期間

(1) 意 義

　　民法は、相続人が相続の選択をするための熟慮期間について、「自己のために相続の開始があったことを知ったとき」から3か月以内と定めてい

ます（民法915条1項本文）。この熟慮期間は、相続人が複数いるときは、相続人ごとに各別に進行します（最判昭和51年7月1日家月29巻2号91頁）。なお、熟慮期間の起算については、初日は算入しません（民法140条）。

(2)　熟慮期間の伸長

　相続の選択は、相続人にとても大きな影響を及ぼすので、民法は、熟慮期間を設けていて、各相続人は、その期間中に、相続財産を調査することができます（民法915条2項）。被相続人の生前の事情に詳しい親族や友人等から聴き取りをしたり、不動産については名寄帳、預貯金については通帳や取引履歴、保険については保険証券、株式等の有価証券については取引明細等を取得したりすることで調査します。

　また、債務については、預金通帳や口座の取引履歴はもちろん、信用情報機関（株式会社日本信用情報機構（JICC）、株式会社シー・アイ・シー（CIC）、一般社団法人全国銀行協会（全銀協））に照会することで調査します。調査のために熟慮期間の伸長が必要であるときは、熟慮期間内にその伸長の審判を家庭裁判所に申立てることができます（民法915条1項ただし書）。伸長できる期間や回数について制限する規定はありません。

(3)　再転相続の場合

　再転相続とは、Aが死亡してBが相続人になったものの、Bが熟慮期間内にAの相続について単純承認するか、相続放棄あるいは限定承認するかの選択をしないで死亡したため、Bの相続人C（再転相続人）がAの相続（以下、「第一相続」といいます。）とBの相続（以下、「第二相続」といいます。）の双方を相続することをいいます。

　この再転相続では、第一相続についてのCの熟慮期間は、BがAの相続について有していた残存期間ではなく、第二相続についてのC固有の熟慮期間と同じ期間となります（民法916条）。

(4)　未成年者・成年被後見人の場合

　相続人が未成年者又は成年被後見人であるときは、熟慮期間は、その法定代理人である親権者・未成年後見人又は成年後見人が未成年者又は成年

被後見人のために相続の開始があったことを知ったときから起算します（民法917条）。

　なお、親権者・未成年後見人又は成年後見人は、熟慮期間内に限定承認や相続放棄の選択をしなかったときは、未成年者又は成年被後見人は、単純承認をしたものとみなされます（民法921条2号）。

(5)　**自己のために相続の開始があったことを知ったとき**

　「自己のために相続の開始があったことを知ったとき」とは、「相続開始の原因たる事実及びこれにより自己が法律上相続人となった事実を知ったとき」のことを意味します（最判昭和59年4月27日民集38巻6号698頁）。「相続開始の原因たる事実」とは、被相続人の死亡や失踪宣告の事実のことなので、それを知らない間は、熟慮期間は進行しません。また、「自己が法律上相続人となった事実」については、①法律の不知や事実の誤認によって自己が相続人や代襲相続人となったことを知らないとき（福岡高決昭和23年11月29日家月2巻1号7頁、仙台高決昭和59年11月9日家月37巻6号56頁、大阪高決昭和27年6月28日家月5巻4号105号）、②先順位の相続人全員が相続放棄をしたことを知らないとき等は、その事実を知らないことになるので、同じく熟慮期間は進行しません。

　なお、相続人が、「相続開始の原因たる事実」及び「自己が法律上相続人となった事実」を知っていたとしても、被相続人に相続財産が全くないと信じるについて相当な理由があるときには、熟慮期間の進行はしないとされ、相続人が相続財産の全部又は一部の存在を認識した時又は通常これを認識しうべき時から起算します（最判昭和59年4月27日民集38巻6号698頁）。特に相続放棄との関係では、相続開始から3か月が経過した後に債権者からの通知により、相続人が被相続人の債務の存在を知るというケースもあり、そのようなケースにおいては、相続財産の一部についての認識はあったとしても、相続債務の存在を認識していれば、当初から相続放棄をしていたものと考えられるのであれば、債務の存在を具体的に認識したときから熟慮期間が起算されると判断される傾向にあります（大阪高決

平成10年2月9日家月50巻6号89頁、東京高決平成19年8月10日家月60巻
1号102頁、高松高決平成20年3月5日家月60巻10号91頁）。

3　単純承認

　相続人は、単純承認をしたときは、被相続人の権利義務を無限に承継します
（民法920条）。被相続人が債務超過の状態では、相続人の固有財産をもって債
務を弁済することになるので、単純承認を選択するときは、被相続人の資産状
況を慎重に調査し、積極財産と消極財産の見込みをつける必要があります。後
述の相続放棄や限定承認と異なり、単純承認をするのに家庭裁判所への申述等
の手続をする必要はありません。なお、民法921条は、次の事由（以下、「法定
単純承認事由」といいます。）がある場合にその相続人が単純承認したものと
みなすと規定しています。

①相続人が相続財産の全部又は一部を処分したとき（ただし、保存行為及び
　民法602条に定める期間を超えない賃貸をすることを除く。民法921条1
　号）

②熟慮期間に限定承認又は相続放棄をしなかったとき（民法921条2号）

③相続人が、限定承認又は相続放棄をした後であっても、相続財産の全部若
　しくは一部を隠匿し、私にこれを消費し、又は悪意でこれを相続財産の目
　録中に記載しなかったとき（ただし、その相続人が相続放棄をしたことに
　よって相続人となった者が相続の承認（単純承認だけでなく、限定承認も
　含む。）をした後は、この限りではありません。民法921条3号）

　①については、具体的には、相続財産の売却、遺産分割協議、相続財産から
の相続債務の弁済（期限の到来した債務の弁済については、財産の現状を維持
するために必要な行為なので、相続財産の処分ではなく保存行為と判断される
こともあります。）、相続財産である債権の取立、相続人への家賃の受取口座の
変更手続、相続財産である物を毀損する等の事実上の処分行為等が該当すると
されていますが、それらの行為が「相続人が自己のために相続が開始した事実
を知りながら相続財産を処分したか、または、少なくとも相続人が被相続人の

死亡した事実を確実に予想しながらあえてその処分をしたことを要する」とされています（最判昭和42年4月27日民集21巻3号741頁）。

　なお、社会的に不相当に高額でない葬儀関連費用は、民法921条1号の「処分」にあたらないとされています（大阪高決平成14年7月3日家月55巻1号82頁）。

4　相続放棄

(1)　意　義

　相続放棄は、相続開始後に相続の効果が生じることを全面的に拒否することで、相続放棄をした者は初めから相続人にならなかったものとみなされます（民法939条）。

　相続放棄の効力は、絶対的で、何人に対しても登記等の対抗要件なくしてその効力を生じます（最判昭和42年1月20日民集21巻1号16頁）。被相続人が債務超過の状態で死亡しても、相続人は、相続放棄をすることによって、その債務を含む一切の財産を相続しないことになるので、相続放棄をした者は、それを返済する義務を免れることができます。ただし、相続放棄の申述には既判力がありませんので、相続放棄の申述が受理されても相続債権者は訴訟でその有効性を争うことができます（最判昭和29年12月24日民集8巻12号2311頁）。

(2)　死亡保険金との関係

　被相続人が被保険者となっている生命保険の死亡保険金を受け取る権利については、受取人の固有の権利ですので、民法上の相続により相続人に承継される権利義務にはあたりません（大判昭和11年5月13日民集15巻11号877頁、最判昭和40年2月2日民集19巻1号1頁、最決平成16年10月29日民集58巻7号1979頁）。そのため、保険契約において特定の相続人が保険金受取人として指定されているときは、その相続人が相続放棄をしても死亡保険金を受け取ることができます。

　また、特定の相続人が死亡保険金の受取人として指定されていないとき

（死亡保険金の受取人が、単に「法定相続人」となっている場合等）も、死亡保険金を受け取る権利は、受取人である相続人全員の固有の権利ですので、相続人が相続放棄をしても死亡保険金を受け取ることができます（最判昭和48年6月29日民集27巻6号737頁）。なお、この場合の各相続人が取得する生命保険金の割合については、民法427条の別段の意思表示により、法定相続分の割合になるとされています（最判平成6年7月18日民集48巻5号1233頁）。

　ただし、死亡保険金の受取人が被相続人になっている場合、相続人は、被相続人に帰属していた保険金を受け取る権利を相続することで、保険金を受け取ることができるのですが、相続放棄をすると相続人は被相続人からその権利を相続することができないので、結果として死亡保険金を受け取ることができません。

⑶　死亡退職金との関係

　死亡退職金については、被相続人の職場の死亡退職金の支給に関する規定が、退職金の受給権者の範囲や順位について、相続法の規定と異なる内容を定めているときには、死亡退職金を受給する権利は相続財産に属さず、受給権者である遺族の固有の権利であるとされます（最判昭和55年11月27日民集34巻6号815頁）。

　また、死亡退職金の支給に関する規定がなく、相続法の規定と異なる者に支給されたときにも、死亡退職金は相続という関係を離れて受給者に支給されるものされています（昭和62年3月3日家月39巻10号61頁）。

⑷　年金との関係

　遺族年金を受給する権利は、受給者である遺族の固有の権利なので、受給者である相続人が被相続人の相続について相続放棄をしても、その者は遺族年金を受給することができます。

　また、年金受給者である被相続人に支給すべきなのに、支給されていなかった年金（以下、「未支給年金」といいます。）については、被相続人の配偶者、子、父母、孫、祖父母、兄弟姉妹又はこれらの者以外の3親等内の親

族であって、被相続人の死亡の当時、生計を同じにしていた者は、支給を請求することができます（国民年金法19条1項、厚生年金保険法37条1項、国家公務員共済組合法44条1項、地方公務員等共済組合法47条1項等）。

この未支給年金についての規定は、相続とは別の立場から一定の遺族に対して未支給の年金給付の支給を認めたものですので、死亡した受給権者が有していた年金給付に係る請求権が相続の対象になるということではありません（最判平成7年11月7日民集49巻9号1829頁）。そのため、相続放棄をしても、被相続人の未支給年金を受給することができます。

(5)　**再転相続の相続放棄**

再転相続人は、第一相続と第二相続のそれぞれについて、どのような選択（単純承認するか、相続放棄するか）をすることができるかが問題になります。

まず、再転相続人が、第一相続を先に単純承認又は相続放棄するときは、第二相続について単純承認することも相続放棄することもどちらも認められます。再転相続人が、第一相続を先に相続放棄し、その後に第二相続を相続放棄したとしても、第一相続の相続放棄の効力が遡って無効になることはありません（最判昭和63年6月21日家月41巻9号101頁）。また、再転相続人が、第二相続を単純承認した後で、第一相続を単純承認又は相続放棄することも認められます。

しかし、再転相続人が、第二相続を相続放棄した後で、第一相続を単純承認又は相続放棄することは認められません。再転相続人は、先に第二相続を相続放棄したことで、第二相続の被相続人（第一相続の相続人）の権利義務を何ら承継しないことになり、その者が有していた第一相続についての選択権を失うことになるためです。

(6)　**遺産分割協議後の相続放棄の可否**

遺産分割協議は、相続の法定単純承認の事由（民法921条1号）にあたるため、原則的に、その後に相続放棄をすることはできません。遺産分割協議は、相続財産につき相続人全員が相続分を有していることを認識し、

これを前提に、各相続人が相続財産に対して有する相続分を処分するものだからです。

　しかし、遺産分割協議の後に、被相続人に多額の債務があることが判明し、その相続債務の存在を認識していれば、当初から相続放棄をしていたと認められるときは、遺産分割協議を要素の錯誤により無効として、再度、相続放棄をすることが認められるとした旧法下での裁判例もあります（大阪高決平成10年2月9日家月50巻6号89頁）。

(7)　**相続分の譲渡・放棄との関係**

　相続人は、自分の相続分を特定の相続人や第三者に譲渡することができます。相続分の譲渡によって、遺産全体に対する譲渡人の持分や相続人としての地位が譲受人に移転します（相続分譲渡証書例は巻末資料8を参照）。また、相続人は、他の相続人全員に対して自分の相続分を放棄することもできます（相続分放棄証書例は巻末資料9を参照）。

　しかし、相続分の譲渡人や相続分の放棄者は、相続債務については対外的にその支払い義務を逃れることはできませんので、相続債務の支払い義務から完全に逃れるためには、相続放棄をする必要があります。

(8)　**利益相反**

　相続人が、未成年者又は成年被後見人であるときは、親権者・未成年後見人又は成年後見人が法定代理人として相続放棄を行います。未成年者又は成年被後見人が、親権者・未成年後見人又は成年後見人と共同相続人であるときは、その親権者・未成年後見人又は成年後見人が未成年者又は成年被後見人に代理して相続放棄をすることは利益相反行為にあたりますので、未成年者又は成年後見人のために特別代理人を選任する必要があります（未成年者について未成年後見監督人が選任されているとき及び成年被後見人について成年後見監督人が選任されているときは、その監督人が未成年者や成年被後見人を代表するので特別代理人の選任の必要はありません。）。

　なお、未成年者又は成年被後見人が、親権者・未成年後見人又は成年後

見人と共同相続人であるときでも、親権者・未成年後見人又は成年後見人が、自らの相続放棄をした後で、又は自らの相続放棄と同時に、法定代理人として未成年者又は成年被後見人の相続放棄をしたときには、利益相反にあたりません（成年後見人につき、最判昭和53年2月24日民集32巻1号98頁）。

(9)　保佐人・補助人による同意

相続放棄をする者が、被保佐人のときは、自ら相続放棄をすることはできますが、保佐人の同意を要します（民法13条6号）。また、相続放棄をする者が、被補助人のときは、補助人に相続放棄についての同意権が付与されていなければ、被補助人が相続放棄の申述をするのに、補助人の同意は要しませんが、同意権が付与されていると、自ら相続放棄をすることはできるものの、補助人の同意を要します。

(10)　詐害行為取消権との関係

詐害行為取消権の行使の対象となる行為は、積極的に債務者の財産を減少させる行為ですが、相続放棄は、消極的にその増加を妨げる行為にすぎないため、相続債権者は相続人の相続放棄について詐害行為取消権を行使することはできません（最判昭和49年9月20日民集28巻6号1202頁）。

5　限定承認

(1)　意　義

限定承認は、相続によって得た積極財産の限度においてのみ、被相続人の債務及び遺贈を弁済するという留保をつけて、相続の承認をすることです（民法922条）。例えば、相続財産の内容が明らかではなく、債務超過かどうかがわからないとき、被相続人が債務超過の状態でも承継したい財産があるときや次順位の相続人に相続させたくない事情があるとき等に選択される制度です。相続人は、単純承認のときと同様に債務を含めた被相続人の財産に関する一切の権利義務を承継しますが、相続財産（積極財産）を超えた部分の債務等の負担を免れるというものです。相続財産を超える

分の債務等が消滅するわけではないので、限定承認後に新たな相続財産が発見されたときは、その限度で債務等を負担しなければなりません。

(2)　共同相続人全員の同意

限定承認は、単純承認や相続放棄と異なり、それを行うのに共同相続人全員の同意が必要となるので（民法923条）、共同相続人中の1人でも限定承認に反対する者がいるときは、限定承認を行うことができません。また、一部の共同相続人が相続財産を処分したことで、法定単純承認事由にあたるとみなされたときは、他の共同相続人が限定承認に同意しても、限定承認をすることはできません（富山家審昭和53年10月23日家月31巻9号42頁）。一方、一部の共同相続人が熟慮期間の経過によって法定単純承認事由にあたるとみなされたとしても、その相続人を含む他の共同相続人全員が同意した場合、限定承認をすることができます（東京地判昭和30年5月6日下民集6巻5号927頁）。

(3)　共同相続人の中に相続放棄をした者がいる場合

相続放棄をした者は、初めから相続人とならなかったものとみなされるので（民法939条）、限定承認をする際にその者の同意は必要とされません。

(4)　財産目録に財産を記載しなかった場合

相続人は、限定承認をしようとするときは、熟慮期間内に、相続財産の目録を作成して家庭裁判所に提出し、限定承認をする旨を申述しなければなりません（民法924条）。

その相続財産の目録に、判明している財産を記載しない行為は、法定単純承認事由のうち、民法921条3号の「悪意でこれを相続財産の目録中に記載しなかったとき」にあたるため、単純承認したとみなされます（最判昭和61年3月20日民集40巻2号450頁）。

(5)　死亡保険金との関係

死亡保険金を受取る権利は、受取人である相続人の固有の権利ですので、受取人である相続人は、限定承認をしても死亡保険金を受け取ることができます。また、生命保険金は、遺族の生活保障の側面があるため、限定承

認をしたとしても、相続債権者の引当て財産にはなりません。

(6)　死亡退職金との関係

　　死亡退職金を受ける権利は、相続法の規定の適用を受けず、受給権者の固有の権利等とされる場合があり、その場合は、受給権者である相続人は、限定承認をしたとしても死亡退職金を受け取ることができます。また、死亡退職金も、限定承認をしたとしても、相続債権者の引当て財産にはなりません。

(7)　年金との関係

　　遺族年金や被相続人の未支給年金を受給する権利は、受給権者の固有の権利ですので、限定承認がなされても、受給権者たる相続人はそれを受けることができます。また、年金も、限定承認をしたとしても、相続債権者の引当て財産になりません。

(8)　利益相反

　　限定承認は、その客観的性質上、利益相反行為にならないとされているので、前述の相続放棄の場合と異なり、未成年者と親権者・未成年後見人、又は成年被後見人と成年後見人とが共同相続人であるときに、限定承認をするために未成年者又は成年被後見人のために特別代理人の選任が必要になることはありません。

(9)　保佐人・補助人による同意

　　限定承認をする者が、被保佐人のときは、自ら限定承認の申述をすることはできますが、保佐人の同意を要します（民法13条6号）。また、限定承認をする者が、補助人のときは、補助人に限定承認についての同意権が付与されていなければ、被補助人が限定承認の申述をするのに、補助人の同意は要しませんが、同意権が付与されていると、自ら限定承認の申述をすることはできるものの、補助人の同意を要します。

第4　相続分

1　意　義

　相続人が、共同相続において、相続財産に対して有している権利義務の割合を相続分といいます。この相続分には、①民法が定める法定相続分、②遺言によって定める指定相続分、③法定相続分や指定相続分を基準に個別事情（特別受益及び寄与分）を加味した具体的相続分の3つの意味があります。

2　法定相続分

　民法は、共同相続において、各相続人がどれだけの割合で相続するかを定めています。

　配偶者相続人と血族相続人との法定相続分は民法900条各号により次のとおりとなります。

①配偶者相続人と第一順位の血族相続人である子の法定相続分	1：1　（民法900条1号）
②配偶者相続人と第二順位の血族相続人である直系尊属の法定相続分	2：1　（民法900条2号）
③配偶者相続人と第三順位の血族相続人である兄弟姉妹の法定相続分	3：1　（民法900条3号）

　また、配偶者相続人がいないときも含め、同順位の血族相続人が複数いるときは、その相続人間の法定相続分は原則として均分となります（民法900条4号本文）。ただし、兄弟姉妹に父母の一方のみを同じくする半血の兄弟姉妹がいるときには、それらの者の法定相続分は、全血の兄弟姉妹の2分の1となります（民法900条4号ただし書）。

　さらに、代襲相続人については、被代襲者の法定相続分となります（民法901条）。代襲相続人が複数いるときは、代襲相続人間の法定相続分は均分にな

ります。

3　指定相続分

　被相続人は、遺言によって、法定相続分とは別に、相続分を指定すること、又はその指定を第三者に委託することができます（民法902条 1 項）。この指定相続分は、法定相続分に優先します。なお、相続人の一部の者の相続分のみを定め、又はこれを第三者に定めさせたときは、他の共同相続人の相続分は、法定相続分によって決まります（民法902条 2 項）。この遺言による相続分の指定によって、共同相続人の一部に遺留分侵害が生じる可能性があり、そのときは、遺留分を侵害された相続人は、遺留分を侵害した者に対して、侵害額に相当する金銭の支払いを請求することができます（遺留分侵害額請求）。

4　具体的相続分

(1)　意　義

　　法定相続分や指定相続分は、相続人がどのように相続するかの基準ですが、個別の事情においては、そのまま当てはめると相続人間の公平が実現されないということも起こり得ます。それらの基準に個別事情（特別受益及び寄与分）を取り込んだものが、具体的相続分です。

(2)　特別受益

ア　意　義

　　特別受益は、相続人の中に、被相続人から遺贈又は婚姻若しくは養子縁組のため若しくは生計の資本として受けた贈与により、他の相続人より多く財産（特別の利益）を取得している者がいるときに、その者の具体的な相続における取得分をその分減らす制度です。

イ　特別受益となる遺贈と贈与

　　遺贈は常に特別受益となりますが、贈与は、「婚姻若しくは養子縁組のため」又は「生計の資本として」なされたものに限定されています（民法903条 1 項）。なお、受贈者が推定相続人になる前になされた贈与も特

別受益にあたります（神戸家審平成11年4月30日家月51巻10号135頁）。

「婚姻若しくは養子縁組のため」の贈与には、通常の結納金や挙式費用は含まず、特別の持参金や支度金をいうとされています。また、「生計の資本として」の贈与には、独立資金、居宅や農地の贈与等、広く生計の基礎として役立つような財産上の給付をいうとされています。贈与が特別受益にあたるかは、形式的な名目を問わず、その金額等が、他の相続人との関係で公平性を確保することが必要かという点から実質的に判断されます。

① **教育資金**

教育資金についても、被相続人の資産や社会的地位に照らして相当の範囲内のものは、生計の資本としての贈与にあたりません。子が公立・私立学校に分かれ、学費に差が生じたとしても、それのみをもって私立学校に進学した者に特別受益を認めることはありませんが（大阪高決平成19年12月6日家月60巻9号89頁）、子の間で著しい不公平が生じるときは特別受益になります（札幌高決平成14年4月26日家月54巻10号54頁）。

② **死亡保険金**

死亡保険金は、受取人の固有の権利ですので、民法上の相続によって承継される権利義務にはあたらず、原則的に特別受益の対象にはなりません。

しかし、生命保険料は、被相続人が生前に保険金受取人である相続人のために支払ったものですので、受取人である相続人と他の相続人との間に生ずる不公平が民法903条の趣旨に照らして到底是認することができないほど、著しいものであると評価すべき「特段の事情」があるときには、同条の類推解釈により、その死亡保険金請求権は特別受益に準じて持戻しの対象になります（最決平成16年10月29日民集58巻7号1979頁）。その「特別の事情」は、保険金の額、この額の遺産の総額に対する比率のほか、同居の有無、被相続人の介護等に対する

貢献の度合い、保険金受取人である相続人及び他の共同相続人と被相続人との関係、各相続人の生活実態等の諸般の事情を総合考慮して判断すべきとされています（同判例）。

③　**死亡退職金**

死亡退職金を受ける権利は、相続法の規定の適用を受けず、受給権者の固有の権利等とされる場合があり、その場合は、死亡退職金の受給は特別受益にあたりません。しかし、②と同様に、受給する相続人と他の相続人との間に生ずる不公平が民法903条の趣旨に照らして到底是認することができないほど、著しいものであると評価すべき「特段の事情」がある場合には、同条の類推解釈により、その死亡退職金は特別受益に準じて持戻しの対象になります。

ウ　**特別受益の評価の時期**

特別受益とされた財産は、相続開始時の価額で評価されます（最判昭和51年3月18日民集30巻2号111頁）。相続債務があるときは、それを控除しない額で計算します。

例えば、被相続人の子Aが、被相続人から、現金1,000万円の贈与を受け、それが特別受益とされた場合、その金銭を消費して被相続人の相続開始時には500万円しか残っていなくても、特別受益の評価としては、被相続人死亡時になおそのままであるものとみなして計算します（民法904条）。また、Aが、被相続人から、評価額1,000万円の不動産の贈与を受け、それが特別受益とされた場合、被相続人の相続開始までにそれを売却したり、取り壊したりしたとしても、同じく、相続開始時になおそのままであるものとみなして計算します（同条）。

なお、その場合、金銭は相続開始時の貨幣価値に換算し、不動産は相続開始時の時価に換算します（天災等の不可抗力で滅失した場合を除きます（民法904条反対解釈）。）。

エ　**持戻し**

特別受益を考慮して相続分を計算するには、相続開始時の積極財産に、

遺贈を除く特別受益を加算します。これを持戻しといいます。遺贈が除かれているのは、遺贈は常に特別受益になるためです。

　被相続人は、この持戻しの免除をすることができます（民法903条3項）。具体的には、贈与については相続財産に加算せず、また、贈与・遺贈の額を具体的相続分から控除しない旨の意思表示をすることです。

　この意思表示は、遺言等で明示的に行うこともできますが、特別受益にあたる贈与や遺贈が、特定の相続人に相続分の他に特に利益を与えたいという趣旨で、そのことに合理的な事情があれば、黙示的になされることも認められます（東京高決昭和51年4月16日判タ347号207頁、東京高決昭和57年3月16日家月35巻7号55頁）。

オ　特別受益者がいるときの具体的相続分額の計算

①　計算の流れ

　　特別受益者がいるときの具体的相続分額の計算は、まず、相続開始時の積極財産の価額に持戻しをして特別受益分の財産の価額を加え、「みなし相続財産額」を算出します。

　　次に、その「みなし相続財産額」に、各相続人の法定相続分又は指定相続分を乗じて、各相続人の一般の具体的相続分額を算出します。

　　最後に、特別受益者についてのみ、その「一般の具体的相続分額」から、特別受益者の特別受益の贈与又は遺贈の額を差し引きます。

【具体例　その1】

> 　被相続人Aは、死亡時に、2,500万円相当の土地・建物と1,000万円の現預貯金、1,000万円の債務を有していました。Aの相続人は、子BCDの3人で、Aは、Bに事業を開始する時に1,000万円を贈与しています。

　まず、Aの相続開始時の積極財産は、土地・建物の2,500万円と現預貯金1,000万円の合計3,500万円です（民法903条1項の「相続開始の時において有した財産」は積極財産を指すので、1,000万円の債務については考慮しません）。

これに、特別受益分の財産（Bへの事業資金）の価額1,000万円を加えて、みなし相続財産額は、4,500万円となります。

次に、遺言による相続分の指定がなく、法定相続分が適用される場合、BCDの各取得分（一般の具体的相続分額）は、1,500万円になります。

最後に、Bについては、事業資金として1,000万円の特別受益を受け取っているので、本相続については、一般の具体的相続分額1,500万円から、この1,000万円を差し引いた500万円が、実際の取得分となります。

したがって、Bに500万円、Cに1,500万円、Dに1,500万円という具体的相続分額になります。

② 超過特別受益がある場合

前述の一連の流れによる計算の結果、特別受益者の具体的相続分額が、0又はマイナスになったときは、特別受益者は、その超過分を返済等する必要はなく、相続分を受けることができないにとどまります（民法903条2項）。

【具体例　その2】

被相続人Aは、死亡時に、2,500万円相当の土地・建物と1,000万円の現預貯金、1,000万円の債務を有していました。Aの相続人は、子BCDの3人で、Aは、Bに事業を開始する時に4,000万円を贈与しています。

まず、Aの相続開始時の積極財産は、土地・建物の2,500万円と現預貯金1,000万円の合計3,500万円です（民法903条1項の「相続開始の時において有した財産」は積極財産を指すので、1,000万円の債務については考慮しません）。これに、特別受益分の財産（Bへの事業資金）の価額4,000万円を加えて、みなし相続財産額は、7,500万円となります。

次に、遺言による相続分の指定がなく、法定相続分が適用される場合、BCDの各取得分（一般の具体的相続分額）は、2,500万円になります。

最後に、Bについては、既に事業資金として4,000万円の特別受益を受け取

っているので、本相続については、一般の具体的相続分額2,500万円から、この4,000万円を差し引くと－1,500万円が、Bの具体的相続分額になってしまいそうですが、Bはマイナス分を返済等する必要はなく、単に相続分が0になるにとどまります。

(3) 寄与分

ア　意　義

　　寄与分は、相続人の中に、被相続人に特別な貢献（事業に関する労務の提供、財産上の給付、被相続人の療養看護等により、被相続人の財産の維持又は増加に寄与）をした者がいるときに、その者の具体的な相続における取得分を増やす制度です。

イ　手　続

　　相続人の中に、寄与者がいるときは、まずは、共同相続人間の協議により寄与分を定めますが、協議が調わないとき、又は協議ができないときは、寄与者の請求により家庭裁判所が寄与分を定めます（民法904条の2第1項2項。寄与分請求調停申立書例は巻末資料10を参照）。なお、家庭裁判所は、寄与の時期、方法及び程度、相続財産の額その他一切の事情を考慮して、寄与分を定めます（民法904条の2第2項。）。

ウ　寄与者がいるときの具体的相続分額の計算

　　寄与者がいるときの具体的相続分額の計算は、まず、相続開始時の相続財産の価額から、寄与分額を差し引くことで、「みなし相続財産額」を算出します。

　　次に、その「みなし相続財産額」に各相続人の法定相続分を乗じて、「一般の具体的相続分額」を算出します。

　　最後に、寄与者の「一般の具体的相続分額」に寄与分額を加えて、寄与者の具体的相続分額を導き出します。

【具体例　その3】

　　被相続人Aは、死亡時に、2,000万円相当の土地・建物と1,000万円の現

預貯金を有していました。Aの相続人は、子BCの2人です。Aは、個人商店を営んでいましたが、高齢になってからはBに事業を切り盛りしてもらっていました。Aの財産の維持・増加についてのBの貢献は、1,000万円と評価されています。

　　まず、相続開始時のAの相続財産の価額は、土地・建物2,000万円と現預貯金1,000万円の計3,000万円で、そこから寄与分額1,000万円を差し引き、みなし相続財産額は、2,000万円となります。

　　次に、みなし相続財産額の2,000万円にBCの各法定相続分である2分の1を乗じて、BCの一般の具体的相続分額は、各々1,000万円と算出されます。

　　最後に、寄与者Bの一般の具体的相続分額に寄与分額を加えて、具体的相続分額は2,000万円となります。

　　したがって、Bに2,000万円、Cに1,000万円という具体的相続分額になります。

エ　特別受益との関係

　　　寄与者が、特別受益を得ている場合は、寄与分の評価額から特別受益の価額を差し引いた価額が寄与分となります（盛岡家一関支審平成4年10月6日家月46巻1号123頁）。

オ　遺贈との関係

　　　寄与分制度は、被相続人の意思に反しない範囲での寄与の保障であるため、被相続人が遺贈をした場合、寄与分は、相続財産から遺贈の額を控除した残額を超えることはできません（民法904条の2第3項）。

カ　特別寄与料

①　意　義

　　　民法904条の2は、寄与者が相続人であるときの規定ですが、相続人ではない親族も、被相続人に対して無償で療養看護その他の労務の提供をしたことにより被相続人の財産の維持又は増加について特別の寄与をしていれば、特別寄与者として、相続開始後に、相続人に対し

て、特別寄与料を請求することができます（民法1050条1項）。相続人が複数いるときは、特別寄与者に対して相続分に応じて特別寄与料を負担します（同条5項）。

② 手　続

　　特別寄与料の内容については、まず、当事者間の協議により寄与分を定めますが、協議が調わないとき、又は協議ができないときは、特別寄与者の請求により家庭裁判所が寄与分を定めます（民法1050条2項。調停申立書例は巻末資料11を参照）。

　　家庭裁判所は、寄与の時期、方法及び程度、相続財産の額その他一切の事情を考慮して、寄与分を定めます（民法1050条3項）。ただし、特別寄与者が相続の開始及び相続人を知った時から6か月を経過したとき、又は相続開始の時から1年を経過したときは、家庭裁判所に対して協議に代わる処分を請求することができません（民法1050条2項ただし書）。

③ 遺贈との関係

　　特別寄与料は、被相続人が相続開始の時において有した財産の価額から遺贈の価額を控除した残額を超えることができません（民法1050条4項）。

第5　遺産分割

1　意　義

　遺産分割は、共同相続人における遺産共有状態を解消し、個々の相続財産を各相続人に確定的に分配する制度です。実体的権利である具体的相続分を現実化する手続といえます。遺産分割は、遺産に属する物又は権利の種類及び性質、各相続人の年齢、職業、心身の状態及び生活の状況その他一切の事情を考慮してなされなければなりません（民法906条）。

　実務上、前述の寄与分・特別受益や後述の遺留分についても考慮して遺産分割協議がなされることが多いようです。

2　分割手続

(1)　指定分割

　被相続人は、遺言で、遺産の分割の方法を定め、又は、これを定めることを第三者に委託することができます（民法908条）。

(2)　協議分割

　被相続人の遺言による(1)の指定分割又は遺産分割の禁止がなければ、共同相続人は、いつでも、その協議で、遺産の全部又は一部の分割をすることができます（民法907条1項）。協議が成立すると、一般的に、その内容を証明するために遺産分割協議書を作成することになります（協議書例は巻末資料12を参照）。

(3)　調停分割

　共同相続人間で(2)の協議分割が成立しないときは、各共同相続人は、遺産の全部又は一部の分割について家庭裁判所に調停の申立てをすることができます（申立書例は巻末資料13を参照）。調停において合意が成立すると調停調書が作成され、その調書には確定した審判と同一の効力が認められます。

(4)　審判分割

　遺産分割調停が不成立となったときは、遺産分割事件が審判手続に移行し、裁判官が職権で事実の調査及び証拠調べを行って遺産分割内容について決定します。

3　分割方法

　遺産分割は、遺産のすべてを分割すること（全部分割）も、（被相続人が遺言で禁じた場合を除き）ある不動産や預貯金等の遺産の一部を分割すること（一部分割）もできます（民法907条1項）。必ずしも相続人全員が一堂に会し、

その場で協議する必要はなく、電話、メールや手紙でのやりとりによって協議内容を決定することもできます。

　また、分割の方法には、①現物をそのまま配分する方法（現物分割）、②遺産に含まれる財産を売却し代金を配分する方法（換価分割）、③現物を特定の相続人が取得し、取得者は、他の相続人に具体的相続分に応じた金銭を支払う方法（代償分割）があります。

4　分割時期

　遺産分割請求権は、消滅時効にかからないので、各相続人は、被相続人による遺産分割の禁止（民法908条）がない限り、いつでも分割を請求することができます（民法907条1項）。ただし、未分割の間に遺産を構成する個々の財産に取得時効が成立してしまうことがあり得ますし、相続人が死んでしまったり、遺産に変動が生じたりして、権利関係が複雑になってしまうおそれもあるため、早期の遺産分割協議の成立が望ましいといえます。

5　分割対象財産

　遺産分割の対象になるのは、被相続人の相続財産です。

　債務についても分割協議することはできますが、その効力は相続人間においては有効ですが、その協議は相続債権者の関与なくしてなされたものなので、相続債権者に対して効力は及びません。

6　分割協議の当事者

　遺産分割協議の当事者は、①共同相続人、②包括受遺者（民法990条）、③相続分の譲受人、④遺言執行者です。当事者の一部を欠く分割協議は無効です。

　当事者の一部が、(i)未成年者の場合は親権者・未成年後見人、(ii)判断能力が低下している場合は成年後見人、(iii)行方不明の場合は不在者財産管理人が、法定代理人として遺産分割協議に参加します。未成年者と親権者・未成年後見人、成年被後見人と成年後見人、不在者と不在者財産管理人が、それぞれ共同相続

人であるときは、未成年者・成年被後見人・不在者のために特別代理人の選任をし、その特別代理人が未成年者・成年被後見人・不在者の代理人として遺産分割協議に参加します。なお、未成年者について未成年後見監督人が選任されているとき及び成年被後見人については成年後見監督人が選任されているときは、その監督人が未成年者や成年被後見人を代表するので特別代理人の選任は必要ありません。

7　遺産分割前に遺産が処分された場合

　遺産分割前に遺産に属する財産が処分されたときは、それを処分した相続人以外の共同相続人全員の同意があれば、それがいまだ遺産に含まれているとして、遺産分割をすることができます（民法906条の2第1項）。しかし、処分した相続人以外の共同相続人全員の同意がないときは、現存の遺産のみについて遺産分割がなされます。

8　遺言と異なる内容の遺産分割協議

　明文の規定はありませんが、被相続人の遺言がある場合でも、上記当事者及び特定遺贈の受遺者（遺言執行者がいるときは、遺言執行者も含む。）の全員の同意によって、遺言と異なる内容の遺産分割協議を成立させることが認められています。

9　遺産分割協議と詐害行為取消権

　遺産分割協議については、詐害行為取消権の行使の対象になります（最判平成11年6月11日民集53巻5号898頁）。遺産分割協議において、ある相続人の相続分を「0」とした場合、その相続人の債権者は、成立した遺産分割協議を詐害行為として取り消すことができます。

10　遺産分割の効果

　遺産分割は、相続開始時に遡って、各相続人の権利義務は被相続人から直接

承継されたものとされます（民法909条本文）。

　しかし、遺産分割の効果が発生する前に、相続財産について権利を取得した者がいる場合、その者の権利は保護されます（同条ただし書）。

第6　遺　言

1　意　義

　遺言は、遺言をする人（遺言者）の最終の意思表示について、その人の死後に効力を生じさせる制度です。

2　遺言能力

　遺言は、遺言者が、未成年者であっても、遺言作成時に15歳以上で（民法961条）、遺言内容とその結果を理解し得る判断能力（遺言能力）を有していれば、法律上有効に遺言することができます（民法963条）。行為能力の制限に関する民法5条、9条、13条及び17条の規定は、遺言については適用されないので（民法962条）、成年被後見人、被保佐人、被補助人も作成時に遺言能力を有していれば遺言することができます。

　ただし、成年被後見人については、「成年被後見人が事理を弁識する能力を一時回復した時において遺言をするには、医師2人以上の立会いがなければならない」とされ（民法973条1項）、「遺言に立ち会った医師は、遺言者が遺言をする時において精神上の障害により事理を弁識する能力を欠く状態になかった旨を遺言書に付記して、これに署名し、印を押さなければならない」とされています（同条2項本文）。

3　遺言の方式

　遺言の特徴は、①死後に効力を生じる、②相手方の承諾や同意を要しない単独行為であるという点です。その特殊性と遺言者の死後の紛争予防の必要性か

ら、民法に定める方式に従うものでないと効力が認められず、無効な遺言となります（民法960条）。遺言の方式は、大きく普通方式（自筆証書遺言（民法968条）、公正証書遺言（民法969条）、秘密証書遺言（民法970条））と特別方式（一般危急時遺言（民法976条）、難船危急時遺言（民法979条）、伝染病隔離者遺言（民法977条）、在船者遺言（民法978条））とに分けられますが、本書においては普通方式の自筆証書遺言、公正証書遺言及び秘密証書遺言にのみ触れていきます。

(1)　**自筆証書遺言**

　　自筆証書遺言は、遺言者が遺言の全文、日付及び氏名を自書し、これに印を押すことによって成立する遺言です（民法968条1項。遺言書例は巻末資料14を参照）。

ア　自　書

　　「自書」が要件ですので、パソコンやタイプライター等の機器を利用した文字や本人の自書をコピーしたものは、「自書」にはあたりません（ただし、判例には、カーボン紙を用いて複写の方法で作成された遺言については、自書の方法として許されないものではないとするものもあります（最判平成5年10月19日判時1477号52頁）。）。

　　また、添え手により補助を受けて作成した遺言は、遺言者がその作成時に文字を知り、かつ、これを筆記する能力を有し、添え手をした人の意思が介入した形跡のないことが筆跡から判定できる場合にこの自書の要件を満たすとした判例があります（最判昭和62年10月8日民集41巻7号1471頁）。

　　このように、原則的には、すべて自らの手で記述する必要があるのですが、「民法及び家事事件手続法の一部を改正する法律」（平成30年法律第72号）では一部要件が緩和され、財産目録については、自書によらず、パソコンやタイプライター等の機器を利用した文字で記載しても、また、預金通帳のコピーや不動産登記事項証明書等を利用しても要件を満たすとされました（同条2項、ただし、財産目録の各頁（自書によらない記

載がその両面にある場合にあっては、その両面）には自筆で署名し、印を押さなければなりません。）。

　自書する過程で、字を書き間違えたり、書き飛ばしたりしてしまったときは、遺言者が、その場所を指示し、これを変更した旨を付記して特にこれに署名し、かつ、その変更の場所に印を押すことで本来あるべき有効な記載となります。

イ　日　付

　自筆証書遺言には、日付の自書が要件となっています。これは遺言の成立時期を明確にするためであり、複数の遺言が存在してその内容が抵触している場合に、その抵触する部分については、後の遺言で前の遺言を撤回したものとみなす（民法1023条1項）とされていることからも、重要な意味を有しています。

　この日付については暦上の特定の日と認識できる記載であればよいので、「令和〇年〇月〇日」という年月日の表記ではなく、例えば、「私の80歳の誕生日」、「東京オリンピックの開会式の日」等、日付までが特定できる記載であれば問題ありません。一方、「令和〇年〇月吉日」は、暦上の特定の日を認識できる記載ではないため、そのような日付の記載をした場合、遺言が無効となってしまいます。

ウ　氏　名

　自筆証書遺言には、氏名の自書も要件となっています。基本的には、戸籍上の氏名をそのまま記載することになりますが、遺言者の特定ができれば、通称、雅号、ペンネーム、芸名等も有効であるとされています。

エ　押　印

　自筆証書遺言には、遺言者による押印も要件となっています。印鑑登録された実印でなくてもよく、いわゆる認印や拇印でも要件を満たします。

オ　自筆証書遺言保管制度

　「法務局における遺言書の保管等に関する法律」（平成30年法律第73号）

により、自筆証書遺言書を作成した遺言者は、法務局（本局・支局等）に遺言書の保管の申請をすることができます。通常、自筆証書遺言を執行する際には、家庭裁判所で検認の手続が必要ですが、この保管制度を利用した自筆証書遺言を執行する際には、検認の手続は不要となります。

(2)　**公正証書遺言**

公正証書遺言は、遺言者が公証人の面前で遺言の趣旨を述べ、証人2人以上の立会いのもと、公証人が、この遺言者の口述を筆記して作成する遺言です（遺言書例は巻末資料15を参照）。公証人が公正証書遺言の原本を保管するので、誰かに破棄、改ざんや隠匿されるおそれもありません。遺言者が、手元で保管している公正証書遺言の謄本を破棄・紛失してしまったとしても、公証人が原本を保管しているので、遺言者（遺言者が既に死亡しているときは、その遺言にて相続・遺贈により財産を取得することになっている人）は、いつでもその謄本を取得請求することができます。

(3)　**秘密証書遺言**

秘密証書遺言は、民法970条1項各号に定める次の手順によって作成されます。

①　遺言者が、その証書に署名し、印を押すこと（民法970条1項1号）

②　遺言者が、その証書を封じ、証書に用いた印章をもってこれに封印すること（民法970条1項2号）

③　遺言者が、公証人1人及び証人2人以上の前に封書を提出して、自己の遺言書である旨並びにその筆者の氏名及び住所を申述すること（民法970条1項3号）

④　公証人が、その証書を提出した日付及び遺言者の申述を封紙に記載した後、遺言者及び証人とともにこれに署名し、印を押すこと（民法970条1項4号）

秘密証書遺言は、公証人が遺言者本人の遺言であることを確認しますが、公正証書遺言と異なり、公証人が遺言内容に関与しないため、内容に誤りがあったりして、遺言者の死後に意図した効力を生じないこともあり得ま

す。また、自筆証書遺言と異なり、「自書」が要件ではありませんので、パソコンやタイプライター等の機器を利用した文字、さらには、他人に書いてもらったものでも、秘密証書遺言の要件を満たします。

秘密証書遺言の加除その他の変更については、自筆証書遺言の加除その他の変更の規定（民法968条2項）が準用されます（民法970条2項）。

秘密証書遺言としての方式を具備せず、秘密証書遺言としては無効であっても、自筆証書遺言の方式を具備している場合には、自筆証書遺言として有効とされます（民法971条）。

4　検　認

自筆証書遺言（前述の法務局での保管制度を利用している自筆証書遺言を除く。）又は秘密証書遺言の保管者は、相続の開始を知った後、遅滞なく、遺言書を家庭裁判所に提出して、その検認を請求しなければなりません（民法1004条1項2項、法務局における遺言書の保管等に関する法律11条）。また、封印のある遺言書は、家庭裁判所において相続人又はその代理人の立会いがなければ、開封することができません（民法1004条3項）。

検認とは、相続人に対して、遺言の存在及びその内容を知らせるとともに、遺言書の形状、日付、署名等、検認の日における遺言書の内容を明確にして、遺言書の偽造や変造を防止するための手続です。検認は、遺言書が有効か否かを判断する手続ではありません。

検認の手続を受けるには、遺言書の保管者又は遺言書を発見した相続人が、遺言者の最後の住所地の家庭裁判所に対して、申立書一式を提出することから始めます（申立書例は巻末資料16を参照）。申立てがあると、家庭裁判所は、相続人全員に検認を行う日を通知します。その期日に家庭裁判所に出向くかどうかは、各相続人の判断に任されていて、相続人全員が出席しなくても検認手続は行われます。

検認をする日には、申立人が遺言書を持参し、出席した相続人等の立会いのもと、裁判官は、封がされた遺言書については開封して、遺言書を検認します。

実際に、相続手続を行うには、遺言書に検認済証明書が付いていることが必要となるので、検認後には、検認済証明書の申請を行うことになります。

5　遺言事項

遺言でできることについては、民法や他の法律に定められた次のものに限られています。それ以外のことを記載したとしても法的な効力は認められません。

①共同相続人の相続分の指定又は指定の委託（民法902条1項）

②推定相続人の廃除又はその取消し（民法893条、894条2項）

③遺産分割方法の指定又は指定の委託・遺産分割の禁止（民法908条）

④共同相続人間の担保責任の定め（民法914条）

⑤遺贈（民法964条）

⑥信託の設定（信託法3条2号）

⑦一般財団法人の設立（一般社団法人及び一般財団法人に関する法律152条2項）

⑧子の認知（民法781条2項）

⑨未成年後見人・未成年後見監督人の指定（民法839条1項・848条）

⑩遺言執行者の指定又は指定の委託（民法1006条1項）

⑪特別受益持戻し免除（民法903条3項）

⑫祭祀主宰者の指定（民法897条）

⑬遺言にて無償で未成年者に財産を与える場合に遺言者がする親権者又は未成年後見人にその財産を管理させない意思表示（民法830条、869条）

⑭保険金受取人の変更

6　付言事項

遺言は、前述の5のように法的な効力を生じる事項以外にも、遺言者が遺言をするに至った動機、遺言の趣旨、相続人等への思い入れや希望等、法的な効力を伴わない事項を記載することができます。

遺言の本文で、特定の相続人が他の相続人より多くの財産を取得することに

なっている場合に、心情に働きかけて、相続人間の関係の悪化を防いだり、遺留分の侵害額請求権の行使を抑止したりする効果も期待されます。

7　遺言の撤回

遺言者は、いつでも、理由を問わず、遺言の方式に従って、その遺言の全部又は一部を撤回することができます（民法1022条）。また、この撤回する権利は放棄することができません（民法1026条）。

遺言の撤回は、遺言の方式によってなされなければなりませんが、前の遺言と同じ方式による必要はありませんので、自筆証書遺言を公正証書遺言で撤回することも、公正証書遺言を公正証書遺言で撤回することもできます。

具体的には、前の遺言を撤回することのみ記載した遺言を作成する方法、前の遺言を撤回する旨の記載をして、さらに新たな内容の遺言を作成する方法、撤回には触れずに前の遺言と抵触する新たな遺言を作成する方法（民法1023条1項）があります（同じ遺言者の遺言が複数存在する場合は、後の作成日付の遺言が優先します。）。

その他、次の①〜③の場合にも、撤回があったとみなされます。

①　遺言と抵触する生前処分があったときは、抵触する部分について前の遺言を撤回したものとみなされます（民法1023条2項）。

②　遺言者が遺言書を故意に破棄したときは、破棄した部分について前の遺言を撤回したものとみなされます（民法1024条前段）。

③　遺言者が遺贈の目的物を故意に破棄したときは、破棄した部分について前の遺言を撤回したものとみなされます（民法1024条後段）。

8　遺言執行者

遺言によって、死亡後の財産の帰属先等を定めたとしても、それが実現されなければ意味がありません。遺言執行者は、遺言の内容を実現するため、相続財産の管理その他遺言の執行に必要な一切の行為をする権利義務を有します（民法1012条1項）。遺言執行者がその権限内において遺言執行者であることを

示してした行為は、相続人に対して直接にその効力を生じます（民法1015条）。複数の者を遺言執行者に指定することもできますが、未成年者と破産者は、遺言執行者になることはできません（民法1009条）。

　実務上は、遺言において遺言執行者を指定することが一般的ですが、遺言書に記載が無い場合や記載があってもその者が遺言執行者に就任できない場合は、必要に応じて、相続人、受遺者、相続債権者等の利害関係人が、遺言者死亡時の住所地の家庭裁判所に、遺言執行者の選任申立てを行うことで、家庭裁判所に選任してもらうことになります（申立書例は巻末資料17を参照）。

　遺言執行者が就職を承諾したときは、直ちにその任務を行わなければならず（民法1007条1項）、その任務を開始したときは、遅滞なく、相続人に対して、就任通知と併せて、遺言の内容を通知し（民法1007条2項）、また相続財産目録を作成して交付しなければなりません（民法1011条1項）。したがって、遺言執行者は、就任まもなく、①戸籍等を取得して遺言者の相続人調査、及び、②名寄帳、不動産登記事項証明書、金融機関の残高証明書、取引履歴を取得して相続財産の調査の両方を行うことになります。

　その後、遺言書記載の財産については、各種の相続手続（不動産については所有権移転登記、預貯金・有価証券については、各金融機関にて相続手続、自動車については、運輸局等にて名義変更等）や受益相続人・受遺者への財産の引渡しを行います。また、遺言に認知や相続人の廃除等の記載がある場合は、市区町村役場への認知届の提出や家庭裁判所への相続人排除の申立等を行います。遺言の執行が終了した後は、相続人及び受遺者に執行事務が終了した旨の通知を行います。

　なお、遺言執行者がある場合には、相続人は、相続財産の処分その他遺言の執行を妨げるべき行為をすることができません（民法1013条1項）。もし、そのような行為をした場合、それは無効となります（同条2項本文）。

9　遺　贈

(1)　意　義

　遺言中に遺贈の記載をすることにより、相続人や相続人以外の者に財産を承継させることができます。特定の財産を受遺者に与える特定遺贈（例えば、「甲土地をAに遺贈する。」）と遺産の全部又は一定の割合を受遺者に与える包括遺贈（例えば、「全遺産の2分の1をBに遺贈する。」）があります。なお、遺贈は、遺言者の死亡以前に受遺者が死亡したときは、その効力を生じません（民法994条）。

(2)　受遺者

　受遺者には、自然人（相続人であるか否かは問いません。）だけでなく、法人もなることができます。また、胎児も受遺者になることができます（民法965条による同法886条の準用）。ただし、相続欠格者は受遺者になることができません（民法965条による同法891条の準用）。

(3)　包括遺贈

　包括遺贈の受遺者は相続人と同一の権利義務を有するとされているので（民法990条）、本来、相続人でなかったとしても、相続人と同一の権利義務を有することになり、遺言で示された割合の相続債務も負担することになります。また、包括遺贈の受遺者は、被相続人の個々の相続財産について、他の相続人と遺産共有状態になるので、その状態を解消するための遺産分割協議の当事者にもなります。

(4)　遺贈の放棄

　特定遺贈の受遺者は、遺言者の死亡後、いつでも遺贈の放棄をすることができ（民法986条1項）、その効力は遺言者の死亡のときに遡って生じます（同条2項）。一方、包括遺贈については、包括受遺者は相続人と同一の権利義務を有するので（民法990条）、単純承認や相続放棄に関する規定が適用され、包括遺贈の放棄は、前述の熟慮期間内に家庭裁判所にその申述をすることで行います（包括遺贈の放棄申述書例は巻末資料18を参照）。

包括遺贈の受遺者が複数いるときに、その1人が遺贈を放棄しても、他の包括遺贈の受遺者の持分が増えるのではなく、その放棄者の持分は、相続人に帰属します。

第7　配偶者居住権

1　意　義

　配偶者居住権とは、法律上の夫婦の一方が死亡し、残された配偶者が、死亡した配偶者が所有していた建物に相続開始時に居住していた場合、死亡するまで又は一定の期間、無償で居住することができる権利です（民法1028条1項本文）。

　配偶者の居住権確保については、これまでの判例は、共同相続人の1人が被相続人の許諾を得て遺産である建物に同居していたときは、特段の事情のない限り、被相続人と当該相続人との間で、相続開始時を始期とし、遺産分割時を終期とする使用貸借契約が成立していたものと推認されるとしていました（最判平成8年12月17日民集50巻10号2778頁）が、この判例によれば、この要件に該当する限り、相続人である他方の配偶者は、遺産分割が終了するまでの間の短期的な居住権が確保されることになります。しかし、この判例法理は、①あくまでも当事者間の合理的意思解釈に基づくものであるため、被相続人が明確にこれとは異なる意思を表示していた場合等には、配偶者の居住権が保護されない事態が生じ得ること、②国民の平均寿命の伸長により、被相続人の死亡後、その配偶者が数十年といった長期間にわたって生活を継続することも珍しくなくなっていること等を踏まえ、遺された配偶者の生活保障を強化する観点から、配偶者が住み慣れた居住環境での生活を継続したいと希望する場合にそれを実現する制度が必要であるということから配偶者居住権の確保が立法化されました。

2 手　続

　配偶者居住権は、死亡した配偶者が、生前に遺言で「配偶者居住権を遺贈する。」と定めていなくても、死亡後の相続人間での遺産分割協議や家庭裁判所の審判で取得することができます。

　なお、配偶者居住権には、死亡した配偶者についての遺産分割協議がまとまるまでか、協議が早くまとまっても死亡した配偶者が亡くなってから6か月間は、無償で住み続けられる短期のものと配偶者居住権者が死亡するまで住み続けられる長期のものがありますが、長期の配偶者居住権は、登記が第三者への対抗要件となっています（民法1031条2項）。

第8　遺留分制度

1 意　義

　遺留分制度は、兄弟姉妹以外の相続人（遺留分権利者）に対して、被相続人の財産の一定割合（遺留分割合）について相続権を保障する制度です（民法1042条1項）。

2 遺留分割合

　各相続人の遺留分割合を算定するには、まず、被相続人の相続財産全体に対して、遺留分権利者全員が有する遺留分割合（総体的遺留分）を確定させます。その総体的遺留分は、①相続人が直系尊属のみの場合は、相続財産の3分の1、②①以外の場合は、相続財産の2分の1とされています（民法1042条1項1号・2号）。相続人が複数ある場合、各相続人の個別的遺留分は、この総体的遺留分に各相続人の法定相続分を乗じることで算出できます（民法1042条2項）。

3　基礎財産の確定

　2の各相続人の個別的遺留分を乗じる基礎になる財産は、①相続開始時に被相続人が有した積極財産に、②被相続人が贈与した財産の価額を加え（遺贈は①の財産に含まれているため加算の対象にはなりません。）、③債務の全額を控除することで算出します（民法1043条1項）。なお、条件付きの権利又は存続期間の不確定な権利は、家庭裁判所が選任した鑑定人の評価に従って、その価格を定めます（同条2項）。

　②の贈与は、原則的に、相続開始前の1年間にしたものに限定されます（民法1044条1項前段）。しかし、当事者双方が遺留分権利者に損害を加えることを知って贈与をしたときは、それ以前の贈与も、加算の対象になります（同項後段）。また、相続人に対する特別受益にあたる贈与については、相続開始前の10年間にしたものに限定されます（民法1044条3項）。さらに、有償行為であっても対価が不相当であれば、当事者双方が遺留分権利者に損害を加えることを知ってしたものに限り、当該対価を負担の価額とする負担付贈与とみなされます（民法1045条2項）。なお、これらの財産の価額は、受贈者の行為によって、その目的である財産が滅失し、又はその価格の増減があったときであっても、相続開始時においてなお原状のままであるものとみなして定めます（民法1044条2項の準用する民法904条）。

　このように算出した基礎財産の価額に、2の個別的遺留分を乗じて算出したものが、各相続人の遺留分額となります。

4　遺留分侵害額請求

(1)　意　義

　　2の個別的遺留分を侵害された遺留分権利者は、被相続人から遺贈・贈与等で財産を譲り受けた者に対して、侵害された遺留分額（遺留分額からその相続人が相続で取得した財産の価額（その相続人に特別受益財産がある場合は、その価額との合計額。）を差し引いた額にその相続人が相続に

よって負担する債務を加えた価額）に相当する金銭の支払いを請求することができます（遺留分侵害額請求。民法1046条。調停申立書例は巻末資料19を参照）。

(2)　遺留分を侵害した者の負担額

遺留分を侵害した受遺者又は受贈者は、次のとおり、遺贈（特定財産承継遺言による財産の承継又は相続分の指定による遺産の取得を含む。）又は贈与の目的の価額を限度として、遺留分侵害額を負担します（民法1047条1項各号）。

① 　受遺者と受贈者とがあるときは、受遺者が先に負担します（民法1047条1項1号）。

② 　受遺者が複数あるとき、又は受贈者が複数ある場合においてその贈与が同時にされたものであるときは、受遺者又は受贈者がその目的の価額の割合に応じて負担します（ただし、遺言者がその遺言に別段の意思を表示したときは、その意思に従います。民法1047条1項2号）。

③ 　受贈者が複数あるとき（②の場合を除く。）は、後の贈与に係る受贈者から順次前の贈与に係る受贈者が負担します（民法1047条1項3号）。

(3)　消滅時効

遺留分侵害額の請求権は、遺留分権利者が、相続の開始及び遺留分を侵害する贈与又は遺贈があったことを知った時から1年間行使しないときは、時効によって消滅します（民法1048条）。相続開始時から10年を経過したときも、時効によって消滅します（同条）。

5　遺留分の放棄

遺留分は、遺留分権利者の財産的な権利であるため、遺留分権利者は、これを自由に放棄することができます。被相続人の相続開始前に遺留分を放棄するには、家庭裁判所の許可を要しますが（民法1049条1項。許可申立書例は巻末資料20を参照）、相続開始後に遺留分を放棄するときは家庭裁判所の許可は不要です（遺留分放棄証書例は巻末資料21を参照）。

　なお、共同相続人の１人のした遺留分の放棄は、他の各共同相続人の遺留分に影響を及ぼしません（同条２項）。

第2章

熟慮期間の実務

第 1　相続財産の調査

1　意　義

　相続人は、被相続人の相続が開始したときから相続財産を調査する必要があります。その調査の結果によって、相続を単純承認するか、相続放棄あるいは限定承認するかを判断することになるためです。

2　相続財産の調査

(1)　調査の前に準備する書類

　銀行・信用金庫・証券会社・保険会社等の金融機関で、被相続人の相続財産や生前に契約していた保険契約の内容を確認したり、市区町村役場において被相続人の固定資産税関係の証明書等を取得したりする場合は、相続人は、自己が被相続人の相続人であることを証明するために、①被相続人の死亡の記載のある戸籍謄抄本、②自己が相続人であることが判明する戸籍謄抄本、③相続人の運転免許証・個人番号（マイナンバー）カード等の本人確認書類、④相続人の印鑑証明書（金融機関において調査をする際に必要になることがあります。）等を準備する必要があります。

(2)　預貯金

　被相続人の預貯金の調査は、まず、預貯金通帳・キャッシュカード・各種預金証券等が手元にあるときは、その預金口座のある金融機関から被相続人の死亡時の残高証明書と取引履歴明細書を取得します。この取得は、相続人の 1 人から行うことができます。死亡時の残高証明書が発行されるということは、その預金口座に相続の対象となる預貯金があることを意味します。また、取引履歴明細書については、金融機関によって照会できる期間が異なるようですが、できる限り履歴を遡ったものを取得します。過去に、被相続人名義の他の金融機関からの入金履歴や、他の預金口座への

振込履歴があるようなときは、その金融機関にも被相続人名義の預貯金口座が存在する可能性がありますので、そのような履歴があるときは、その金融機関の死亡時の残高証明書と取引履歴明細書を取得します。その結果、残高証明書が取得できれば、その口座を相続財産として考慮し、取引履歴明細書を取得して、被相続人名義の他の金融機関からの入金履歴や、他の預金口座への振込履歴があるようなときは、その金融機関の死亡時の残高証明書と取引履歴明細書を取得し、以降、被相続人名義の他の金融機関からの入金や他の金融機関への振込履歴が判明するごとに、残高証明書と取引履歴明細書の取得を繰り返していきます。

次に、被相続人名義の預金通帳等の手がかりがないときは、被相続人の出生から死亡に至るまでの住所地や職場の所在地を手掛かりに、その地域の金融機関の支店等に対して、一つずつ死亡時の残高証明書の取得をしていくことになります。例えば、被相続人が「○○市」で出生から婚姻するまで生活し、婚姻後死亡するまで「△△市」に住所を置き、職場は「□□市」であった場合は、「○○市」「△△市」「□□市」にある金融機関の支店に照会をしていくことになります（一般的に、預金の特定は金融機関の支店ごとに行っていきます。）。なお、金融機関によっては、一つの支店に照会をすると他の支店に口座がある旨を教えてくれたり、このような照会を本部で一括して受けたりしているところもあります。また、窓口まで出向くことを必要とせず、郵送、電話やFAX等でのやりとりで照会ができる金融機関もあります。

(3)　不動産

被相続人の不動産の調査については、不動産所在地の市区町村役場において固定資産税課税台帳（いわゆる名寄帳）を取得することで、その市区町村において被相続人が所有者である不動産を調査することができます。毎年度市区町村役場から送付される固定資産税等の納税通知書や課税明細書にも、被相続人の所有した不動産が記載されていますが、非課税の物件が記載されていないことが多いので、固定資産税課税台帳を取得して調査

するべきです。なお、市区町村によっては、固定資産税課税台帳にも非課税の物件が記載されていないこともありますので、その点については担当課に確認する必要があります。

　どこの市区町村に固定資産税課税台帳の取得請求をするかは、①毎年度市区町村役場から送付される固定資産税等の納税通知書や課税明細書、②被相続人の出生から死亡するまでの住所地、③預貯金口座の取引履歴明細書の固定資産税の自動引落しの履歴、④権利証や売買契約書等の不動産登記申請の関係書類、⑤登記事項証明書の共同担保目録等を手掛かりに判断することになります。

(4)　**株式等有価証券**

　被相続人の株式等有価証券の調査については、預貯金口座の取引履歴明細書に証券口座への出入金の履歴や、配当金等の入金履歴があることで証券会社を特定する手掛かりになることがあります。また、確定申告書の控えにも、証券会社の特定口座年間取引報告書・支払通知書が添付されていることがあるので、そちらを確認することも有効です。

(5)　**保険契約**

　被相続人が関係する生命保険契約の調査については、毎年保険会社から送られてくる通知物や預貯金口座の取引履歴明細書から保険会社名の入金や引落しの記載があれば、それを手掛かりに、その保険会社に照会をすることになります。

(6)　**債　　務**

　被相続人の債務の調査は、金銭消費貸借契約書等があれば、直接債権者や債務の内容を確認できますが、預貯金口座の取引履歴明細書や預貯金通帳の記載から債権者を特定することもできます。

　また、株式会社日本信用情報機構（JICC）、株式会社シー・アイ・シー（CIC）及び一般社団法人全国銀行協会（全銀協）等の個人信用情報機関から個人信用情報の開示を受けることで債権者を把握することができます。

第2　熟慮期間の伸長

1　意　義

　相続人は、熟慮期間内に単純承認するか、相続放棄あるいは限定承認するかを選択しなければなりません。しかし、債務を始めとする相続財産の調査に時間を要する場合や相続財産が複雑多大で各地に分散している場合、財産が海外や遠隔地にある場合等、熟慮期間内では、その選択について判断することができないこともあります。そのため、利害関係人（当該相続人のほか、共同相続人、受遺者、次順位の相続人、相続債権者等）又は検察官の請求によって、被相続人の最後の住所地を管轄する家庭裁判所において、その熟慮期間を伸長することができます。この熟慮期間の伸長の申立ては、熟慮期間内にしなければなりません。

2　添付書類

　熟慮期間伸長の申立書とともに家庭裁判所に提出する添付書類は、被相続人と申立人との関係により異なりますが、それを整理すると次のとおりです。添付書類のうち、申述書等の提出前に入手できない戸籍等があるときは、その戸籍等は後で追加提出することもできます。なお、同一の被相続人についての熟慮期間の伸長の申立や相続放棄が先行しているときは、それらの事件で提出済みのものは添付する必要はありません。

(1)　**共通の書類**
　　ア　被相続人の住民票除票又は戸籍附票
　　イ　利害関係人からの申立ての場合には利害関係を証する資料（親族の場合、戸籍謄本等）
　　ウ　伸長を求める相続人の戸籍謄本
(2)　**配偶者又は第一順位相続人（子及びその代襲相続人）の場合**

エ　被相続人の死亡の記載のある戸籍謄本

オ　代襲相続人（孫、ひ孫等）の場合、被代襲者（本来の相続人）の死亡の記載のある戸籍謄本

⑶ **第二順位相続人（直系尊属）に関する申立ての場合**

エ　被相続人の出生時から死亡時までのすべての戸籍謄本

オ　被相続人の子（及びその代襲相続人）で死亡している者がいる場合は、その子（及びその代襲相続人）の出生時から死亡時までのすべての戸籍謄本

カ　被相続人の直系尊属に死亡している者（相続人より下の代の直系尊属に限る（例：相続人が祖母の場合、父母））がいる場合、その直系尊属の死亡の記載のある戸籍謄本

⑷ **第三順位相続人（兄弟姉妹及びその代襲相続人としてのおいめい）に関する申立ての場合**

エ　被相続人の出生時から死亡時までのすべての戸籍謄本

オ　被相続人の子（及びその代襲相続人）で死亡している者がいる場合は、その子（及びその代襲相続人）の出生時から死亡時までのすべての戸籍謄本

カ　被相続人の直系尊属の死亡の記載のある戸籍謄本

キ　代襲相続人（おい、めい）の場合、被代襲者（本来の相続人）の死亡の記載のある戸籍謄本

3　申立費用

申立てにかかる費用は、収入印紙800円と各家庭裁判所の定める予納郵券です。

【熟慮期間の伸長審判申立書例】東京家庭裁判所HPより

<table>
<tr>
<td rowspan="4">受付印</td>
<td colspan="2">家 事 審 判 申 立 書　事件名（相続の承認又は放棄の期間の伸長）</td>
</tr>
<tr>
<td colspan="2">（この欄に申立手数料として1件について800円分の収入印紙を貼ってください。）</td>
</tr>
<tr>
<td colspan="2" rowspan="2">（貼った印紙に押印しないでください。）</td>
</tr>
</table>

収 入 印 紙	円
予納郵便切手	円
予納収入印紙	円

| 準口頭 | | 関連事件番号　平成・令和　　年（家　　）第　　　　　　　　号 |

| 東 京 家 庭 裁 判 所　　　　御中
令和 〇〇 年 〇 月 〇〇 日 | 申 立 人
（又は法定代理人など）
の 記 名 押 印 | 甲 野 春 子　㊞ |

| 添付書類 | （審理のために必要な場合は，追加書類の提出をお願いすることがあります。）
申立人の戸籍謄本（全部事項証明書）　　　通
被相続人の戸籍謄本（全部事項証明書）等　　通　　通 住民票除票　　通 |

申 立 人	本　籍 （国　籍）	〇〇　都道府<u>県</u>　〇〇市××町〇丁目〇番地	
	住　所	〒 〇〇〇 － 〇〇〇〇　　　　　　　電話 〇〇〇 （〇〇〇） 〇〇〇〇 東京都〇〇区×××〇丁目〇番〇号　　　　　　　（　　　　　　方）	
	連絡先	〒　　－　　　　　　　　　　　　　電話　　（　　　） （注：住所で確実に連絡できるときは記入しないでください。）　（　　　　方）	
	フリガナ 氏　名	コウ ノ　　　ハル コ 甲 野 　 春 子	<u>昭和</u>平成 〇〇年 〇 月 〇 日生 令和　　（　〇〇　歳）
	職　業	会 社 員	
※ 被 相 続 人	本　籍 （国　籍）	〇〇　都道府<u>県</u>　〇〇市××町〇丁目〇番地	
	最後の 住　所	〒 〇〇〇 － 〇〇〇〇　　　　　　　電話　　（　　　） 東京都〇〇区×××〇丁目〇番〇号　　　　　　　（　　　　　方）	
	連絡先	〒　　－　　　　　　　　　　　　　電話　　（　　　） （　　　　方）	
	フリガナ 氏　名	コウ ノ　　　タ ロウ 甲 野 　 太 郎	大正 <u>昭和</u> 〇〇年 〇 月 〇 日生 平成　（ 〇〇 歳）
	職　業		

（注）　太枠の中だけ記入してください。
※の部分は，申立人，法定代理人，成年被後見人となるべき者，不在者，共同相続人，被相続人等の区別を記入してください。

別表第一（1/　）

申　立　て　の　趣　旨
申立人が，被相続人甲野太郎の相続の承認又は放棄をする期間を令和〇〇年〇〇月〇〇日まで伸長するとの審判を求めます。

申　立　て　の　理　由
1　　申立人は，被相続人の長女です。
2　　被相続人は令和〇〇年〇〇月〇〇日死亡し，同日，申立人は，相続が開始したことを知りました。
3　　申立人は，被相続人の相続財産を調査していますが，被相続人は幅広く事業を行っていたことから，相続財産が各地に分散しているほか，債務も相当額あるようです。
4　そのため，法定期間内に，相続を承認するか放棄するかの判断をすることが困難な状況にあります。
5　　よって，この期間を〇か月伸長していただきたく，申立ての趣旨とおりの審判を求めます。

別表第一（　/　）

第3　熟慮期間中の相続財産の管理

1　意　義

　熟慮期間中は、相続財産を誰が承継するのか確定せず、相続財産は法的に不安定な状態に置かれます。その期間中、相続人は、自己の財産と同一の注意をもって相続財産を管理しなければなりません（民法918条1項本文）。しかし、相続人の管理能力が不足しているとき、相続人間で紛争が生じているとき、相続人が海外赴任中で財産を管理できないとき等は、相続人による管理が難しいといえます。

　そのような場合、利害関係人（相続人、相続債権者、次順位の相続人等）又は検察官の請求により、家庭裁判所は、いつでも、相続財産の保存に必要な処分（相続財産管理人の選任、相続財産の封印、換価や処分禁止、財産目録の作成・提出）を命じることができます（民法918条2項）。

2　民法918条2項の相続財産管理人

　被相続人の最後の住所地を管轄する家庭裁判所は、利害関係人又は検察官の申立てにより相続財産管理人を選任することができます。選任された相続財産管理人は、相続人の法定代理人として、自ら相続財産を管理することが困難又は不適当である相続人のために、相続人等が確定的に管理をすることができるまでの間、当面暫定的に相続財産を管理します。

【民法918条２項の相続財産管理人選任申立書例（熟慮期間中の管理)】

<table>
<tr>
<td rowspan="2" colspan="2">受付印</td>
<td colspan="2">家事審判申立書　事件名（　相続財産管理人の選任　）</td>
</tr>
<tr>
<td colspan="2">（この欄に申立て１件あたり収入印紙８００円分を貼ってください。）

　　　印

　　　紙

（貼った印紙に押印しないでください。）</td>
</tr>
<tr>
<td colspan="2">収入印紙　　　　　　円</td>
<td colspan="2"></td>
</tr>
<tr>
<td colspan="2">予納郵便切手　　　　円</td>
<td colspan="2"></td>
</tr>
</table>

東京 家庭裁判所　　　御中　令和 ○○年 ○ 月 ○ 日	申 立 人 （又は法定代理人など） の 記 名 押 印	**甲 野 一 郎** ㊞

添付書類	（審理のために必要な場合は，追加書類の提出をお願いすることがあります。） 被相続人の出生時から死亡時までの戸籍謄本 被相続人の住民票除票または戸籍附票 財産目録、相続人全員の戸籍謄本	準 口 頭

<table>
<tr>
<td rowspan="3">申
立
人</td>
<td>本　籍
（国　籍）</td>
<td colspan="2">（戸籍の添付が要とされていない申立ての場合は，記入する必要はありません。）
○○ 都 道
　　 府 県 ○○ 市 ○○ 町 ○ 番地</td>
</tr>
<tr>
<td>住　所</td>
<td colspan="2">〒 ○○○ － ○○○○
東京都 ○○ 区 ××× ○丁目○番○号 ハイツ○○　○○○ 号
（　　　　　方）</td>
</tr>
<tr>
<td>フリガナ
氏　名</td>
<td>コウ ノ イチ ロウ
甲　野　一　郎</td>
<td>昭和
平成 ○ 年 ○ 月 ○ 日生
（　　　○○　　歳）</td>
</tr>
<tr>
<td rowspan="3">被
相
続
人</td>
<td>本　籍
（国　籍）</td>
<td colspan="2">（戸籍の添付が必要とされていない申立ての場合は，記入する必要はありません。）
○○ 都 道
　　 府 県 ○○ 市 ○○ 町 ○ 番地</td>
</tr>
<tr>
<td>住　所</td>
<td colspan="2">〒 ○○○ － ○○○○
東京都 ○○ 区 ××× ○丁目○番○号　　　　　　（　　　　　方）</td>
</tr>
<tr>
<td>フリガナ
氏　名</td>
<td>コウ ノ ハナ コ
甲　野　花　子</td>
<td>昭和
平成 ○ 年 ○ 月 ○ 日生
（　　　○○　　歳）</td>
</tr>
</table>

（注）太枠の中だけ記入してください。

申　立　て　の　趣　旨
被相続人甲野花子に相続財産管理人の選任を求めます。

申　立　て　の　理　由
1　申立人は被相続人の長男ですが、令和〇年〇月〇日に死亡した被相続人の相続を承認するか、放棄するか、現在熟慮中です。
2　被相続人の相続財産は別紙遺産目録のとおりで、現在、申立人が管理していますが、相続人が多数かつ疎遠ですので、管理方法について協議をすることが困難で、また、相続人の中には、申立人が適切に管理するか不安視する者がいます。
3　したがって、申立人が被相続人の相続財産を管理することは、事実上困難ですので、民法第918条第2項に基づき、申立ての趣旨記載の審判を求めます。

※　遺産目録の記載は省略します。

第3章

相続放棄・限定承認の実務

第1　相続放棄の実務

1　申述の手続

(1)　申述書

　相続放棄は、相続人が、熟慮期間内に、被相続人の最後の住所地を管轄する家庭裁判所に対して、申述書（後記資料1）を提出することによって行います。なお、熟慮期間内に家庭裁判所に申述書を提出すれば、家庭裁判所の申述受理の審判がその期間が経過した後になされても、相続放棄の効果は有効です。

(2)　申述書の記載事項

　相続放棄の申述書には、①当事者及び法定代理人（家事事件手続法201条5項1号）、②相続放棄をする旨（同項2号）、③被相続人の氏名及び最後の住所（家事事件手続規則105条1項1号）、④被相続人との続柄（同項2号）、⑤相続開始があったことを知った年月日（同項3号）、相続放棄の理由等を記載する必要があります。

(3)　添付書類

　申述書とともに家庭裁判所に提出する添付書類は、被相続人と申述人である相続人の関係によって異なりますが、それを整理すると次のとおりです。

　添付書類のうち、申述書等の提出前に入手できない戸籍等がある場合、その戸籍等は後で追加提出することもできます。なお、同一の被相続人についての熟慮期間の伸長の申立や相続放棄が先行している場合、それらの事件で提出済みのものは添付する必要はありません。なお、被相続人の死亡日から3か月が経過した後で、相続放棄の申述をするときは、実務上、その事情についての上申書（後記資料2）を添付することが望ましいとされています。

　ア　共通の書類

　　①被相続人の住民票除票又は戸籍附票

　　②申述人の戸籍謄本

　イ　申述人が、被相続人の配偶者又は第一順位相続人（子及びその代襲相続人）の場合

　　③被相続人の死亡の記載のある戸籍謄本

　　④申述人が代襲相続人（孫、ひ孫等）の場合、被代襲者の死亡の記載のある戸籍謄本

　ウ　申述人が、第二順位相続人（直系尊属）の場合

　　③被相続人の出生時から死亡時までのすべての戸籍謄本

　　④被相続人の第一順位相続人で死亡している者がいる場合、その第一順位相続人の出生時から死亡時までのすべての戸籍謄本

　　⑤死亡している直系尊属（相続放棄者より被相続人に親等が近い直系尊属に限ります。）がいる場合、その直系尊属の死亡の記載のある戸籍謄本

　エ　申述人が第三順位相続人（兄弟姉妹及びその代襲相続人としてのおいめい）の場合

　　③被相続人の出生時から死亡時までのすべての戸籍謄本

　　④第一順位相続人で死亡している者がいる場合、その第一順位相続人の出生時から死亡時までのすべての戸籍謄本

　　⑤被相続人の直系尊属の死亡の記載のある戸籍謄本

　　⑥申述人が代襲相続人（おいめい）の場合、被代襲者の死亡の記載のある戸籍謄本

⑷　**申述費用**

　　申述にかかる費用は、収入印紙800円と各家庭裁判所の定める予納郵券です。

【資料1　相続放棄申述書例】　東京家庭裁判所HPより

		相 続 放 棄 申 述 書
	受付印	（この欄に申立人1人について収入印紙800円分を貼ってください。）
収 入 印 紙　　　　　円		
予納郵便切手　　　　　円		（貼った印紙に押印しないでください。）

準口頭		関連事件番号　平成・令和　　　年（家　　）第　　　　　号

東京　家庭裁判所 　　　　　　　　御中 令和 ○ 年 ○ 月 ○ 日	申　述　人 未成年者などの場合は法定代理人 の 記 名 押 印	甲　野　一　郎　　印

添付書類	（同じ書類は1通で足ります。審理のために必要な場合は追加書類の提出をお願いすることがあります。） 戸籍（除籍・改製原戸籍）謄本（全部事項証明書）　合計○通 被相続人の住民票除票又は戸籍附票

	本　籍 （国　籍）	○　○　都 道 　　　府 県　○○市○○町○丁目○○番地			
申	住　所	〒○○○ － ○○○○　　　　　　　電話　○○○（○○○○）○○○○ 東京都○○区×××○丁目○○番○○号　　○○アパート○号室　　　　（　　方）			
述	フリガナ 氏　名	コウノ　イチ　ロウ 甲　野　一　郎	昭和 平成　○○年 ○○ 月○○ 日生 令和　　（ ○○ 歳）	職業	会社員
人	被相続人 との関係	※　　　①子　　2 孫　　3 配偶者　　4 直系尊属（父母・祖父母） 被相続人の・・・ 　　　　　5 兄弟姉妹　　6 おいめい　　7 その他（　　　　　　　）			
法定代理人等	※ 1 親権者 2 後見人 3	住　所	〒　　　 －　　　　　　　電話　　（　　　　） 　　　　　　　　　　　　　　　　　　　（　　方）		
		フリガナ 氏　名		フリガナ 氏　名	
被	本　籍 （国　籍）	○　○　都 道 　　　府 県　○○市○○町○丁目○○番地			
相	最後の 住　所	東京都○○区×××○丁目○○番○○号	死亡当時 の職業	無　職	
続					
人	フリガナ 氏　名	コウノ　オツタロウ 甲　野　乙太郎	平成 ○ 令和 ○○年　○○月　○○日死亡		

（注）太枠の中だけ記入してください。　※の部分は，当てはまる番号を○で囲み，被相続人との関係欄の7，法定
　　　代理人等欄の3を選んだ場合には，具体的に記載してください。

申　述　の　趣　旨
相　続　の　放　棄　を　する　。

申　述　の　理　由		
※ 相続の開始を知った日・・・・平成・(令和) ○○ 年 ○○ 月 ○○ 日 　(1) 被相続人死亡の当日　　　　3　先順位者の相続放棄を知った日 　2　死亡の通知をうけた日　　　4　その他（　　　　　　　　　　）		
放　棄　の　理　由	相　続　財　産　の　概　略	
※ 1　被相続人から生前に贈与を受けている。 2　生活が安定している。 3　遺産が少ない。 4　遺産を分散させたくない。 (5) 債務超過のため。 6　その他	資	農　地・・・・　約＿＿＿＿＿平方メートル 山　林・・・・　約＿＿＿＿＿平方メートル 宅　地・・・・　約＿＿＿＿＿平方メートル 建　物・・・・　約＿＿＿＿＿平方メートル
	産	現金・預貯金・・　約**１００**万円 有価証券・・・・　約＿＿＿＿＿万円
	負　債・・・・・・・　約**１０００**＿万円	

（注）太枠の中だけ記入してください。　※の部分は，当てはまる番号を○で囲み，申述の理由欄の4，
　　　放棄の理由欄の6を選んだ場合には，（　　　）内に具体的に記入してください。

【資料2　上申書例】

令和　　年（　　　）第　　　　　号

上　申　書

（本申述が熟慮期間内の申述であることについて）

　私は、今般、御庁に相続放棄申述書を提出しましたが、申述の日は、被相続人の死亡日である令和○年○月○日から既に3か月が経過しております。この点につきましては、次のような事情がございます。

　私は、被相続人の財産をまったく把握しておりませんでした。しかし、被相続人が死亡してから3か月と少し経過した令和○年○月○日に、母から「被相続人には、死亡時に約2,000万円の債務があり、あなたは、相続によって、その債務を承継しています。」という旨の連絡を受けました。なお、私は、母から連絡を受けた際に、初めて、被相続人が、多額の負債を抱えていたことを知ったので、それまで、相続放棄を検討するきっかけすらありませんでした。

　ついては、上記事情により、私にとっての相続放棄の熟慮期間の起算点である「自己のために相続の開始があったことを知ったとき」は、母からの連絡により相続債務等の存在を知ったときである、令和○年○月○日です。ですので、被相続人の死亡日からは3か月経っておりますが、本申述は、相続放棄の熟慮期間内になされておりますので、御庁におかれましてその旨お取り計らいいただきたく、ここに上申致します。

令和○年○月○日

　　　　　　　　申立人

　　　　　　　　　　住所

氏名＿＿＿＿＿＿＿＿＿＿＿＿＿＿＿＿㊞

○○家庭裁判所　御中

2　申述書提出後の手続

　家庭裁判所は、申述書が提出されると、申述人が相続人であることを確認し、申述が申述人の真意に基づいてなされたものであるか審理するため、申述人に回答書（後記資料1）を送付し、その内容を審理します。審理が終了し、申述が受理されると、相続放棄が成立し、申述人に相続放棄申述受理通知書（後記資料2）が送付されます。

　なお、相続放棄をした者は、家庭裁判所に申述書が提出されてから受理されるまでの間に、申述を取り下げることができます。

【資料1　回答書】

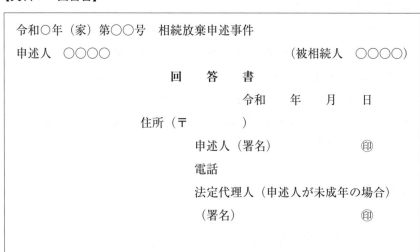

令和○年（家）第○○号　相続放棄申述事件
申述人　○○○○　　　　　　　　　　　　（被相続人　○○○○）

回　　答　　書

　　　　　　　　　　　　　　令和　　年　　月　　日
　　　　　　住所（〒　　　　）
　　　　　　　　　申述人（署名）　　　　　　㊞
　　　　　　　　　電話
　　　　　　　　　法定代理人（申述人が未成年の場合）
　　　　　　　　　（署名）　　　　　　　　　㊞

　1　あなたの名前で当裁判所に相続放棄の申述手続がなされていることを

知っていますか。

　□　知っている

　　□　手続を自分自身で行った

　　□　手続を（氏名　　　　　　　　　あなたとの関係　　　　　　　）

　　　に依頼した

　□　知らない

2　あなたは、被相続人の相続人になったことをいつ知りましたか。

　□　被相続人の死亡日

　□　被相続人の死亡後、令和　　年　　月　　日

　　□（氏名　　　　　　　）から被相続人が死亡したことを聞いた

　　□先順位者が相続放棄したのを知った

　　□被相続人の債権者（氏名　　　　　　）から催告があった

　　□その他（具体的に書いてください。）

3　被相続人の遺産について、分かる範囲で書いてください。

　　　宅地＿＿筆、建物＿＿棟、農地＿＿筆、山林＿＿筆

　　　現金　約＿＿＿万円、預貯金　約＿＿＿万円、負債　約＿＿＿万円

　　　その他（　　　　　　　　　　　　　　　）

4　相続放棄の申述は、あなたの真意に基づくものですか。

　□　そうです

　□　違います

5　あなたはどういう理由で相続の相続放棄をするのですか。

　□　遺産を分散させたくない

　□　遺産が少ない

　□　生活が安定している

　□　被相続人から生前に贈与を受けている

　□　債務超過のため

　□　その他（　　　　　　　　　　　　　　　）

6　あなたは、被相続人の遺産を処分したり消費したり隠してしまったこ

と（例えば、被相続人名義の土地を売却したり、預金をおろして使ったりしたこと）がありますか。または、被相続人の借金を少しでも債権者に返したことがありますか。

　　□　ある（具体的に、　　　　　　　　　　　　　　　　　　　　　）

　　□　ない

7　あなたは相続放棄をする気持ちに変わりはありませんか。

　　□　相続放棄をする　　□他の人が放棄をとりやめるときは自分もやめる

　　□　他の人が放棄をとりやめるときは考え直したいので連絡してほしい

　　□　その他（具体的に、　　　　　　　　　　　　　　　　　　　　　）

【資料２　相続放棄申述受理通知書例】

相続放棄申述受理通知書

事　件　番　号　　　令和○年（家）第○○号

申 述 人 氏 名　　　○○○○

被 相 続 人 氏 名　　○○○○

死 亡 年 月 日　　　令和○年○月○日

申述を受理した日　　令和○年○月○日

　　　あなたの申述は以上のとおり受理されましたので、通知します。

　　　なお、手続費用は申述人の負担とされました。

　　　　　　　　　　　　　　　　　　　令和○年○月○日

　　　　　　　　　　　　　　　　　　　○○家庭裁判所

裁判所書記官　○○○○　㊞

3　利益相反と特別代理人の選任

　相続人が、未成年者又は成年被後見人であるときは、親権者・未成年後見人又は成年後見人が法定代理人として相続放棄の申述を行います。相続人が未成年者であったり、判断能力が不十分な者であったりして、親権を行使する者又は成年後見人がいないときは、家庭裁判所において未成年後見人又は法定後見人を選任する手続をした上で、それら法定代理人から相続放棄の申述を行うことになります。

　未成年者又は成年被後見人が、親権者・未成年後見人又は成年後見人と共同相続人であるときは、親権者・未成年後見人又は成年後見人が未成年者又は成年被後見人に代理して相続放棄をすることは利益相反行為にあたるので、未成年者や成年被後見人のために特別代理人を選任する必要があります（前述のとおり、未成年者については未成年後見監督人が選任されているとき及び成年被後見人については成年後見監督人が選任されているときは、その監督人が未成年者や成年被後見人を代表するので特別代理人の選任は必要ではありません。）。また、未成年者又は成年被後見人が、親権者・未成年後見人又は成年後見人と共同相続人であるときでも、親権者・未成年後見人又は成年後見人が、自らの相続放棄をした後で、又は自らの相続放棄と同時に、法定代理人として未成年者又は成年被後見人の相続放棄をしたときには、利益相反にあたりません（成年後見人につき、最判昭和53年2月24日民集32巻1号98頁）。）。

　管轄となる家庭裁判所は、未成年者については、その子の住所地を管轄する家庭裁判所、成年被後見人については、後見開始の審判をした家庭裁判所又は同審判事件が係属する家庭裁判所となります。

【特別代理人選任申立書例】

受付印	**特 別 代 理 人 選 任 申 立 書**
	（収入印紙８００円分を貼ってください。）
収入印紙　　　　　円	
予納郵便切手　　　　円	（貼った印紙に押印しないでください。）

準口頭		関連事件番号　平成・令和　　　年（家　　）第　　　　　　号

東京　家庭裁判所		申　立　人		
御　中		の記名押印	**甲 野 花 子** 印	
令和 ○ 年 ○ 月 ○ 日				

添付書類	（同じ書類は１通で足ります。審理のために必要な場合は，追加書類の提出をお願いすることがあります。） 未成年者の戸籍謄本（全部事項証明書）　　親権者又は未成年後見人の戸籍謄本（全部事項証明書） 特別代理人候補者の住民票又は戸籍附票　　利益相反に関する資料（遺産分割協議書案，契約書案等） （利害関係人からの申立ての場合）利害関係を証する資料

申立人	住　所	〒 ○○○ － ○○○○　　　　　　　　　電話 ○○（○○○○）○○○○ **東京都○○区×××○丁目○○番○○号**　　　　　　　　（　　　　方）
	フリガナ 氏　名	コウ ノ ハナ コ **甲　野　花　子**	昭和 平成 ○年○月○日生 （　○○　歳）	職業 **な し**
	フリガナ 氏　名		昭和 平成　　年　　月　　日生 （　　　　歳）	職業
	未成年者 との関係	※　1　父母　　2　父　　③　母　　4　後見人　　5　利害関係人

未成年者	本　籍 （国籍）	都道 ○○　府県　　○○市○○町○○番地
	住　所	〒　　－　　　　　　　　　　　　電話（　　　　　） **申立人の住所と同じ**　　　　　　　　　（　　　　方）
	フリガナ 氏　名	コウ ノ ジ ロウ **甲　野　次　郎**	平成 令和 ○年○月○日生 （　○　歳）
	職職 又は 在校名	○ ○　小学校

（注）太枠の中だけ記入してください。　　※の部分は，当てはまる番号を○で囲んでください。

申　立　て　の　趣　旨
特別代理人の選任を求める。

申　立　て　の　理　由	
利益相反する者	利　益　相　反　行　為　の　内　容
※ ① 親権者と未成年者との間で利益が相反する。 2 同一親権に服する他の子と未成年者との間で利益が相反する。 3 後見人と未成年者との間で利益が相反する。 4 その他 〔　　　　　　　　　〕	※ 1　被相続人亡＿＿＿＿＿＿＿＿の遺産を分割するため ② 被相続人亡 **甲 野 太 郎** の相続を放棄するため 3　身分関係存否確定の調停・訴訟の申立てをするため 4　未成年者の所有する物件に 　　〔 1 抵当権　2 根抵当権 〕を設定するため 5　その他（　　　　　　　　　　　　　　　　　） ――――――――――――――――――――――― （その詳細） **申立人の夫，未成年者の父である被相続人亡甲野太郎（令和〇〇年〇月〇日死亡）の相続を放棄するため。**

特別代理人候補者	住　所	〒 〇〇〇 － 〇〇〇〇　　　　　　　電話 〇〇 （ 〇〇〇〇 ） 〇〇〇〇 **東京都〇〇区△△町〇〇番地の〇** 　　　　　　　　　　　　　　　　　　　　（　　　 方）
	フリガナ 氏　名	オツ　ノ　サブ　ロウ **乙　野　三　郎**	昭和 平成 〇〇年 〇月 〇日 生 （ 〇〇 歳）	職業	**会社員**
	未成年者 との関係	**母方の叔父**

（注）太枠の中だけ記入してください。　※の部分については，当てはまる番号を〇で囲み，利益相反する者欄の4及び利益相反行為の内容欄の5を選んだ場合は，（　　　）何に具体的に記入してください。

【特別代理人候補者の承諾書】

令和　　年（家）第　　　　号　特別代理人選任申立事件
（未成年者　　　　　　　　　　　　　）

承　諾　書

1　私の職業は＿＿＿＿＿＿＿＿＿＿＿＿＿＿＿＿です。
2　未成年者と私の関係は，＿＿＿＿＿＿＿＿＿＿＿＿＿です。
3　未成年者又は申立人に対する債権又は債務はありませんし，今回の法律行為により，私自身について法律上の利害関係が生じることはありません。
4　私は，成年被後見人，被保佐人，被補助人，破産者のいずれにも該当しません。
5　今回，特別代理人が行う予定の法律行為の内容は，□にレ点を付したものです。
　　①□　遺産分割協議書案のとおり，被相続人＿＿＿＿＿＿の遺産を分割する。
　　②□　未成年者が被相続人＿＿＿＿＿＿＿の相続を放棄する。
　　③□　債務者＿＿＿＿＿＿＿が金＿＿＿＿＿＿＿円を借り入れるにあたり，未成年者所有の不動産に，□抵当権（□根抵当権）を設定する。
　　④□　その他（その内容を具体的に記載してください。）

　　　＿＿＿＿＿＿＿＿＿＿＿＿＿＿＿＿＿＿＿＿＿＿＿＿＿＿＿＿＿＿
　　　＿＿＿＿＿＿＿＿＿＿＿＿＿＿＿＿＿＿＿＿＿＿＿＿＿＿＿＿＿＿

6　特別代理人が上記5の内容の法律行為を行うのが必要であり，かつ，相当であると考える理由は，□にレ点を付したものです。

（上記5で①にレ点を付した場合）
　　□　遺産分割協議書案では，未成年者の法定相続分がほぼ確保されている。
　　□　遺産分割協議書案では未成年者の法定相続分は確保されていないが，今後，未成年者は，共同相続人である＿＿＿＿＿＿＿　　に扶養されることになる。
　　□　遺産分割協議書案では未成年者の法定相続分は確保されていないが，遺産が不動産のみであることから，被相続人の配偶者が相続するのが相当である。
　　□　その他（その内容を具体的に記載してください。）

　　　＿＿＿＿＿＿＿＿＿＿＿＿＿＿＿＿＿＿＿＿＿＿＿＿＿＿＿＿＿＿
　　　＿＿＿＿＿＿＿＿＿＿＿＿＿＿＿＿＿＿＿＿＿＿＿＿＿＿＿＿＿＿

（上記5で②にレ点を付した場合）
　　□　未成年者が被相続人から生前に贈与を受けている。
　　□　被相続人の遺産が債務超過となっている。
　　□　被相続人の遺産の内容が不明である。
　　□　その他（その内容を具体的に記載してください。）

　　　＿＿＿＿＿＿＿＿＿＿＿＿＿＿＿＿＿＿＿＿＿＿＿＿＿＿＿＿＿＿
　　　＿＿＿＿＿＿＿＿＿＿＿＿＿＿＿＿＿＿＿＿＿＿＿＿＿＿＿＿＿＿

（上記5で③にレ点を付した場合）
- □　未成年者が現住している自宅のローンを担保するための法律行為である。
- □　未成年者を扶養する親権者の財産を保全するための法律行為である。
- □　その他（その内容を具体的に記載してください。）

_____
_____

（上記5で④にレ点を付した場合は，その理由を具体的に記載してください。）

_____
_____
_____
_____
_____

7　私は，下記の特別代理人の義務を理解したうえで，特別代理人に就任することを承諾します。

　　　　令和　　年　　月　　日

　　　　　　住　所 _____

　　　　　　電話番号　　　　　（　　　　）_____

　　　　　　氏　名 _____印

特別代理人の義務

　特別代理人は，未成年者の利益を保護するために，善良なる管理者の注意（自分の財産を処分する場合の注意よりも高度の注意）をもって事務を処理すべき義務を負います。この義務に違反した場合には，未成年者に対して，損害賠償責任を負うことがあります。

　※特別代理人の職務は，審判で定められた行為の完了とともに終了します。

　　　　　　　　○○市○○町○○番地
　　　　　　　　○○家庭裁判所家事部審判係
　　　　　　　　℡○○－○○○○－○○○○（直通）

4 相続放棄申述受理証明書

相続放棄申述受理証明書は、相続放棄の申述を家庭裁判所が受理したことを証明するものです。相続放棄後に相続債権者等から相続放棄したことの証明として提示や提出を求められることもあります。相続放棄の申述が家庭裁判所に受理されると、自動的に交付されるのではなく、相続放棄をした者又は利害関係人（共同相続人、後順位相続人、相続債権者等）が、申述を受理した家庭裁判所に交付請求をすることで取得することができます。

利害関係人が交付請求するときは、相続放棄をした者との間に利害関係があることが判明する書類（共同相続人や後順位相続人が請求するときは、自身がそれらにあたることを証する戸籍謄本、相続債権者が請求するときは、被相続人との間で締結した金銭消費貸借契約書等）の提出を求められ、家庭裁判所が相当と認めたときに相続放棄申述受理証明書が交付されることになります。申請費用は、証明書1通につき150円で、収入印紙により納めます。

令和5年4月1日施行の民法改正の影響について────────────

相続放棄をした者の管理について規定する現行民法940条1項は、管理義務の発生要件や内容が明らかでないため、相続放棄をした者が過剰な負担を強いられるケースもあると指摘されていました。そこで、改正後の同項では、相続放棄をした者の管理義務や責任を明確にする観点から、相続放棄をした者は、①相続放棄時に現に占有している相続財産について、②相続人（法定相続人全員が放棄した場合は、相続財産清算人）に対してその財産を引き渡すまでの間、③その財産を自己の財産におけるのと同一の注意をもって保存しなければならないとされました（改正前後の条文については、巻末資料22の新旧対照表を参照してください。）。

【家事事件書類交付等申請書例】東京家庭裁判所HPより

相続放棄受理証明書交付申請書　記入例

家　庭　裁　判　所　御　中	
（受付印）	**申　請　書**
	（この欄に収入印紙をはる。）
収入印紙　　　　　円	
郵便切手　　　　　円	（印紙は消印しないでください。）

| 事件番号 | □令和　　年（家　）第　　　　　　　号
□平成　　年（家　）第　　　　　　　号 | ←事件番号を
記入して下さい |

下記の書類を〔　① 交付
　　　　　　　　2 送達（ア 申立人　イ 相手方　ウ 当事者双方　エ　　　　　〕してください。

（該当するものに○印をつけてください。）

① 相　続　放　棄 　　　限定承認 申述受理証明書	(1) 通	2 調　停　調　書	正 謄本	通	←必要通数を 記入して下さい
3 遺言書検認調書謄本	通	4 審　　判　　書	正 謄本	通	
5 審 判 確 定 証 明 書	通	6 送　達　証　明　書		通	
7 取 下 証 明 書	通	8 不 成 立 証 明 書		通	
9 証明書（　　　　　）	通	10		通	

送達場所	〔　□ 申立人　　□ 相手方　〕 〒

令和　年　月　日　　↓申述人本人の署名押印	備　考　欄	
申　請　人　　　　　　　　　　印		←日付、申請人欄を 記入押印して下さい
TEL　　（　　　）		

請　　書	上記書類を郵送した。
上記書類を受領しました。	令和　　年　　月　　日
令和　　年　　月　　日	□ 裁判所書記官　　印
受 領 人　　　　　　　　印	□ 裁判所事務官　　印

●申述人**本人**または代理人**弁護士**による申請が原則です。●

【郵送申請の場合】
●記入した申請書と下記の3点を同封の上、お送り下さい。
同封する物　①必要通数分の収入印紙→→→→証明書1通につき150円です。（例）2枚交付→300円分必要。
　　　　　　②84円切手（交付枚数が5枚以上ならば94円以上の切手）
　　　　　　③返信先の記載のある返信用封筒
　　　　※このほか、氏名・住所が申請時と異なる場合、つながりの分かる戸籍謄本・戸籍の附票等が必要。
【東京家庭裁判所来庁申請の場合】
●記入した申請書と下記の3点を持参の上、ご本人がお越し下さい。
持参する物　①必要通数分の収入印紙→→→→証明書1通につき150円です。（例）2枚交付→300円分必要。
　　　　　　②身分証明書（（例）運転免許証、保険証）及び認印
　　　　　　※身分証明書の記載が申述時の氏名等と異なる場合、つながりの分かる戸籍謄本等が必要。
　　　　　　③相続放棄（限定承認）申述受理通知書

【相続放棄申述受理証明書例】

相続放棄申述受理証明書

事　件　番　号　　　令和○年（家）第○○号

申 述 人 氏 名　　　○○○○

被 相 続 人 氏 名　　○○○○

本　　　　　籍　　　○○県○○市○○町○番地

死 亡 年 月 日　　　令和○年○月○日

申述を受理した日　　令和○年○月○日

　　　上記のとおり証明する。

令和○年○月○日

○○家庭裁判所

裁判所書記官　○○○○　㊞

5　相続登記の登記原因証明情報

　相続人の中に相続放棄をした者がいる場合、不動産の相続登記をするときには、登記原因証明情報として、その者が相続放棄したことを証する情報を添付する必要があります。

　この相続放棄したことを証する情報には、原則的には相続放棄申述受理証明書を添付することになりますが、「相続放棄・限定承認の申述の有無についての照会に対する家庭裁判所からの回答書」又は「家庭裁判所からの相続放棄申

述受理通知書」の内容が相続放棄申述受理証明書と同等の内容が記載されているものと認められるものであれば、これらを登記原因証明情報の一部として提供することができます（登記研究808号147頁）。

6　申述の有無についての照会

　相続人又は利害関係人は、特定の相続人が相続放棄をしているかどうかが不明な場合等に被相続人の最後の住所地を管轄する家庭裁判所にその有無を照会することができます。相続放棄の申述がなされていれば、その事件番号、受理年月日等が回答され、申述がなされていなければ、その旨の証明書が交付されます。

　先順位相続人が相続放棄をしたとすれば、次順位の者が相続人になりますが、先順位相続人が相続放棄の申述をしているか、相続放棄をした者に確認するのが難しいこともあります。また、相続債権者においても、誰が相続放棄をしたかがわからないと、誰に返済を請求すればよいか定まりません。

　これらの場合に、相続人又は利害関係人は、被相続人の最後の住所地を管轄する家庭裁判所に対して、照会申立書とともに添付書類（被相続人の住民票の除票又は戸籍附票（ともに本籍地の記載があるもの）、照会者の資格証明書類（戸籍謄本、住民票、会社・法人の登記事項証明書、資格証明書）、相続関係図、利害関係を有することの証明書等）を提出することで申述の有無を照会することができます。

【相続人からの照会申立書例】東京家庭裁判所HPより

1	2	3	T	

相続放棄・限定承認の申述の有無についての照会申請書	
受付印	令和 ○○年 ○○月 ○○日 東 京 家 庭 裁 判 所 御 中 住 所 100-×××× 東京都○○区○○×丁目○番○○号 照会者 甲 野 一 郎 印 電 話 03(××××)×××× 担 当( )

添 付 書 類	1 被相続人の住民票の除票(本籍地が表示されているもの) 通 2 照会者の資格証明書類 通 (戸籍謄本 ・ 住民票 ・ 商業登記簿謄本 ・ 資格証明書) 3 相続関係図 通 4 利害関係の存在を証する書面 通 ( ) 5 委任状 通 6 郵券貼付済み返信用封筒 通 7 その他( ) 通
被相続人の表示	別紙目録記載のとおり
照会対象者の表示	別紙目録記載のとおり

別紙目録記載の被相続人の相続に関し,別紙目録記載の照会対象者から貴庁に対して,

※1 { ☐ 同被相続人の死亡日 (平成・令和 年 月 日)
☑ 先順位者の放棄が受理された日 }

から

※2 { ☐ 3箇月 (被相続人の死亡日が平成11年以前の場合)
☑ 申請日まで (被相続人の死亡日が平成12年以降の場合) }

の間に,相続放棄または限定承認の申述がなされているか否かについて,事件簿または索引簿にて
調査し回答してください。

[＊ ※1及び※2にそれぞれチェックを入れてください。]

照会を求める理由	☐ 不動産競売手続に必要なため ☐ 訴訟を提起するため ☐ 承継執行文を付与するのに必要なため ☐ その他裁判所に提出するため ( ) ☑ その他 (相続放棄をするために)

＊ 本申請書の太線内及び別紙被相続人等目録の太線内につきそれぞれご記入ください。
＊ 別紙の被相続人等目録の氏名欄は戸籍等をご確認の上で正確に記入してください(調査はご記入
 いただいた氏名に基づいて行います。)。

被 相 続 人 等 目 録

被相続人の表示	本　籍	○○県○○市○○×丁目×番××号			
	最後の住所地	東京都 ○○ 区 ○○ ×丁目 ×番 ×－×××号			
	ふりがな 氏　名	亡　甲 野 太 郎	死亡日	☑令和 □平成	○○年 ○月 ○日

	照 会 対 象 者 の 表 示				
1	氏 名	甲 野 三 郎	11	氏 名	
2	氏 名	甲 野 花 子	12	氏 名	
3	氏 名		13	氏 名	
4	氏 名		14	氏 名	
5	氏 名		15	氏 名	
6	氏 名		16	氏 名	
7	氏 名		17	氏 名	
8	氏 名		18	氏 名	
9	氏 名		19	氏 名	
10	氏 名		20	氏 名	

［ 裁判所記入欄 ］

【利害関係人からの照会申立書例】東京家庭裁判所HPより

1	2	3	T	

相続放棄・限定承認の申述の有無についての照会申請書	
受付印	令和 ○○年　○○月　○○日 　　　東 京 家 庭 裁 判 所　　　御 中 住 所 100-×××× 　東京都○○区○○×丁目○番○○号 照会者　　甲 野　一 郎　　　　　印 電 話　　03（××××）×××× 担 当（　　　　　　　　　　）

添　付　書　類	1 被相続人の住民票の除票(本籍地が表示されているもの)　　通 2 照会者の資格証明書類　　　　　　　　　　　　　　　　　通 （ 戸籍謄本 ・ 住民票 ・ 商業登記簿謄本 ・ 資格証明書　　　） 3 相続関係図　　　　　　　　　　　　　　　　　　　　　通 4 利害関係の存在を証する書面　　　　　　　　　　　　　通 （　　　　　　　　　　　　　　　　　　　　　　　　　） 5 委任状　　　　　　　　　　　　　　　　　　　　　　　通 6 郵券貼付済み返信用封筒　　　　　　　　　　　　　　　通 7 その他（　　　　　　　　　　　　　　）　　　　　　　通

被 相 続 人 の 表 示	別紙目録記載のとおり
照 会 対 象 者 の 表 示	別紙目録記載のとおり

別紙目録記載の被相続人の相続に関し，別紙目録記載の照会対象者から貴庁に対して，

※1 { □ 同被相続人の死亡日（ 平成・令和　　　年　　　月　　　日）
　　　 ☑ 先順位者の放棄が受理された日 }

から

※2 { □ 3箇月　　（被相続人の死亡日が平成11年以前の場合）
　　　 ☑ 申請日まで（被相続人の死亡日が平成12年以降の場合） }

の間に，相続放棄または限定承認の申述がなされているか否かについて，事件簿または索引簿にて調査し回答してください。

[＊ ※1及び※2にそれぞれチェックを入れてください。]

照 会 を 求 め る 理 由	□ 不動産競売手続に必要なため ☑ 訴訟を提起するため □ 承継執行文を付与するのに必要なため □ その他裁判所に提出するため　（　　　　　　　　　　） □ その他　　（　　　　　　　　　　　　　　　　　　　）

＊ 本申請書の太線内及び別紙被相続人等目録の太線内につきそれぞれご記入ください。
＊ 別紙の被相続人等目録の氏名欄は戸籍等をご確認の上で正確に記入してください(調査はご記入
　いただいた氏名に基づいて行います。)。

被相続人等目録

被相続人の表示	本籍	○○県○○市○○×丁目×番××号			
	最後の住所地	東京都 ○○ 区 ○○ ×丁目 ×番 ×－×××号			
	ふりがな 氏 名	亡 甲 野 太 郎	死亡日	☑令和 □平成	○○年 ○月 ○日

		照会対象者の表示			
1	氏 名	甲 野 三 郎	11	氏 名	
2	氏 名	甲 野 花 子	12	氏 名	
3	氏 名		13	氏 名	
4	氏 名		14	氏 名	
5	氏 名		15	氏 名	
6	氏 名		16	氏 名	
7	氏 名		17	氏 名	
8	氏 名		18	氏 名	
9	氏 名		19	氏 名	
10	氏 名		20	氏 名	

[裁判所記入欄]

7 相続人全員が相続放棄をするまでの流れ

実務においては、被相続人が債務超過の状態で相続が開始した場合、相続人全員が相続放棄をすることがあります。その場合は、まず、配偶者相続人と先順位の相続人全員が相続放棄をします。それにより、後順位の相続人が相続権を取得するので、後順位の相続人は、被相続人の配偶者や先順位相続人から相続放棄した旨の通知を受けたり、相続債権者からの催告を受けたりすることで、自身が相続人になったことを知ることになります。また、後順位の相続人が自ら先順位の相続人の相続放棄申述の有無についての照会をすることで、自身が相続人になったことを知ることができます。

後順位相続人の熟慮期間は、通知や照会等によって先順位相続人の全員が相続放棄をしたことを知ったときから起算します。後順位相続人の相続放棄は、熟慮期間内であっても、被相続人の相続開始日からは3か月が経過して申述されることが多く、添付書類として、熟慮期間の起算日についての上申書を申述書及び戸籍等に併せて提出することが望ましいといえます。

【上申書例】

令和　　年（　　）第　　　　　号

上　申　書

（本申述が熟慮期間内の申述であることについて）

私は、今般、御庁に対し、被相続人○○○○の相続についての相続放棄申述書を提出しましたが、申述の日は、被相続人の死亡日、令和○年○月○日から既に3か月が経過しております。この点につきましては、次のような事情がございます。

私は、令和○年○月○日に、被相続人の妻の○○○○から、「被相続人の相続につき、私と子ども全員が相続放棄を行ったので、あなたたちも相

続の放棄をしない限り、相続人として、債務の返済をする責任を負うことになるから相続放棄の手続をした方が良い。」という旨の連絡を受けました。私は、○○○○からその旨の連絡を受けた際に、初めて被相続人の第一順位の相続人がすべて相続放棄をしたことを知ったので、それまで、相続放棄を検討するきっかけすらありませんでした。

　ついては、上記事情により、私にとっての相続放棄の熟慮期間の起算点である「自己のために相続の開始があったことを知ったとき」は、○○○○からの連絡により、被相続人の第一順位の相続人全員が相続放棄をしたことを知ったときである、令和○年○月○日です。ですので、被相続人の死亡日からは3か月経っておりますが、本申述は、相続放棄の熟慮期間内になされておりますので、御庁におかれましてその旨お取り計らいいただきたく、ここに上申致します。

令和○年○月○日

　　　　　申立人
　　　　　　住所
　　　　　　氏名 ＿＿＿＿＿＿＿＿＿＿＿＿＿＿＿＿＿＿＿㊞

○○家庭裁判所　御中

8　民法918条2項の相続財産管理人

　相続放棄をした者は、その放棄によって相続人になった者が相続財産の管理を始めることができるまで、自己の財産におけるのと同一の注意をもって、その財産の管理を継続しなければなりません（民法940条1項）。先順位の相続人全員の相続人の相続放棄によって、相続人になった者が相続財産を管理できないときは、相続放棄をした者がその義務を負うことになります。その者の管理

行為が適切でなかったり、管理が困難な事情があったりするときは、被相続人の最後の住所地を管轄する家庭裁判所は、利害関係人（相続人、相続債権者、次順位の相続人等）又は検察官の申立てにより相続財産の管理に関する処分をすることができます（民法918条2項）。

　この処分により選任された相続財産管理人は、次順位の相続人又は民法952条の相続財産管理人等が確定的に財産管理をすることができるまでの間、当面暫定的に相続財産の管理を行うことになります。

令和5年4月1日施行の民法改正の影響について─────────

　令和5年4月1日施行の民法改正により、この民法918条2項は削除されます。その代わり、新設される民法897条の2を根拠に選任される相続財産管理人によって、相続財産の保存的な管理がなされることになります（改正前後の条文については、巻末資料22の新旧対照表を参照してください。）。

Column　予納金

　相続財産管理人の選任を申し立てる場合、家庭裁判所から申立人が予め一定の金額を予納金として立て替えるように指示を受けることがあります。予納金は、被相続人の相続財産がほとんどない場合でも、30万円から50万円程の金額が定められることもあります。被相続人の積極財産が少なく、債務超過状態で死亡したとき等は、申立人が立て替えた予納金が返還されないこともあるため、選任の申し立ては、実務上、司法書士や弁護士等に対する書類作成の報酬費用に加えて、予納金を負担することになる可能性があることも踏まえて、検討することになります。

【民法918条2項の相続財産管理人選任申立書例（相続放棄後の管理)】

<table>
<tr>
<td colspan="2" rowspan="3">受付印</td>
<td colspan="2">家事審判申立書　事件名（　相続財産管理人の選任　）</td>
</tr>
<tr>
<td colspan="2">（この欄に申立て1件あたり収入印紙800円分を貼ってください。）

印
紙

（貼った印紙に押印しないでください。）</td>
</tr>
<tr>
<td>収入印紙　　　　　円</td>
<td></td>
</tr>
<tr>
<td>予納郵便切手　　　円</td>
<td></td>
<td></td>
<td></td>
</tr>
</table>

<table>
<tr>
<td>東京 家庭裁判所
御中
令和 〇〇年 〇 月 〇 日</td>
<td>申　立　人
（又は法定代理人など）
の 記 名 押 印</td>
<td>甲　野　一　郎　㊞</td>
</tr>
</table>

<table>
<tr>
<td rowspan="3">添付書類</td>
<td>（審理のために必要な場合は，追加書類の提出をお願いすることがあります。）
申立人及び被相続人の戸籍謄本
被相続人の住民票除票または戸籍附票
財産目録、不動産登記事項証明書、申立人の利害関係を証する資料</td>
<td>準 口 頭</td>
</tr>
</table>

<table>
<tr>
<td rowspan="3">申

立

人</td>
<td>本　籍
（国　籍）</td>
<td colspan="2">（戸籍の添付が要とされていない申立ての場合は，記入する必要はありません。）
〇〇 都道
府県 〇〇 市 〇〇 町 〇 番地</td>
</tr>
<tr>
<td>住　所</td>
<td colspan="2">〒 〇〇〇 － 〇〇〇〇
東京都 〇〇 区 ××× 〇T目〇番〇号 ハイツ〇〇　〇〇〇 号
（　　　方）</td>
</tr>
<tr>
<td>フリガナ
氏　名</td>
<td>コ ウ ノ　イ チ ロ ウ
甲　野　一　郎</td>
<td>昭和
平成 〇 年 〇 月 〇 日生
（　　〇〇　　歳）</td>
</tr>
<tr>
<td rowspan="3">被

相

続

人</td>
<td>本　籍
（国　籍）</td>
<td colspan="2">（戸籍の添付が必要とされていない申立ての場合は，記入する必要はありません。）
〇〇 都道
府県 〇〇 市 〇〇 町 〇 番地</td>
</tr>
<tr>
<td>住　所</td>
<td colspan="2">〒 〇〇〇 － 〇〇〇〇
東京都 〇〇 区 ××× 〇T目〇番〇号
（　　　方）</td>
</tr>
<tr>
<td>フリガナ
氏　名</td>
<td>コ ウ ノ　ハ ナ コ
甲　野　花　子</td>
<td>昭和
平成 〇 年 〇 月 〇 日生
（　　〇〇　　歳）</td>
</tr>
</table>

（注）太枠の中だけ記入してください。

申　立　て　の　趣　旨
被相続人甲野花子に相続財産管理人の選任を求めます。

申　立　て　の　理　由
1　申立人は被相続人の長男ですが、令和〇年〇月〇日に死亡した被相続人の相続について、令和〇年〇月〇日、相続放棄しました。
2　申立人は、上記相続放棄によって、現在次順位の相続人が、相続を承認するか、放棄するかの意思を確認しているところです。
3　被相続人の財産は、別紙財産目録記載のとおりですが、現在、申立人は体調を崩しており、自ら管理することができません。
4　よって、民法第918条第2項に基づき、申立ての趣旨記載の審判を求めます。

※遺産目録の記載は省略します。

9　相続人不存在の場合

(1)　民法952条の相続財産管理人の選任

　　相続人の全員が相続放棄をすると、被相続人の相続人は存在しないことになります。その場合、相続放棄者や相続債権者を始めとする利害関係人又は検察官の請求により、被相続人の最後の住所地を管轄する家庭裁判所に対して、民法952条の相続財産管理人（以下、本項においては単に「相続財産管理人」といいます。）の選任の申立てがなされます。相続財産は法人となり、以後、選任された相続財産管理人が相続財産の管理及び清算を開始していきます。

令和5年4月1日施行の民法改正の影響について───────────

　　令和5年4月1日施行の民法改正により、民法952条の相続財産管理人は「相続財産清算人」という名称に変わります。清算期間中の公告手続が合理化され、相続財産清算人選任の公告と相続人捜索の公告を統合して一つの公告で同時に行うとともに、これと並行して、相続債権者等に対する請求の申出をすべき旨の公告を行うことが可能になり、相続財産清算人が選任されてから最短6か月で権利の確定がなされる制度になります（改正前後の条文については、巻末資料22の新旧対照表を参照してください。）。

【相続財産管理人選任申立書例】

受付印	相続財産管理人選任申立書（相続人不存在の場合）

（この欄に収入印紙800円分を貼ってください。）

印　紙

（貼った印紙に押印しないでください。）

収入印紙	円
予納郵便切手	円

準口頭		関連事件番号　平成・令和　　年（家　　）第　　　　　　　　号

東京家庭裁判所　　　御中　　令和 ○ 年 ○ 月 ○ 日	申立人（又は法定代理人など）の記名押印	丙　田　杉　男　㊞

添付書類	申立人の戸籍謄本（被相続人と親族関係にある場合），被相続人の出生から死亡までの戸（除）籍謄本，被相続人の住民票除票，被相続人の父母の出生から死亡までの戸（除）籍謄本，財産目録，不動産登記事項証明書，預貯金通帳写し等，申立人の利害関係を証する書面 ※　このほかの資料の提出をお願いすることがあります。

申立人	本　籍	○○ 都道府県 ○○市○○町○丁目○番地
	住　所	〒○○○ － ○○○○　　　　　電話 ○○○（○○○）○○○○ 東京都○○区×××○丁目○番○号　　　（　　　　　方）
	連絡先	〒　　－　　　　　　　電話　　（　　　） （注：住所で確実に連絡できるときは記入しないでください。）　（　　　　方）
	フリガナ 氏　名	ヘイ　タ　スギ　オ 丙　田　杉　男　　昭和・平成 ○ 年 ○ 月 ○ 日生

被相続人	本　籍	○○ 都道府県 ○○市○○町○丁目○番地
	最後の住所	〒○○○ － ○○○○ 東京都○○区×××○丁目○番○号　　　（　　　　方）
	フリガナ 氏　名	コウ　ノ　ハナ　コ 甲　野　花　子　　大正・昭和・平成 ○ 年 ○ 月 ○ 日生
	死亡当時の職業	無　職

申　立　て　の　趣　旨
被相続人の相続財産の管理人を選任する審判を求める。

申　立　て　の　理　由	
※　被相続人は　平成　令和　○　年　○　月　○　日に死亡したが, 　1　相続人があることが明らかでないため。 　②　相続人全員が相続の放棄をしたため。 申立人が利害関係を有する事情 ※ 　1　相　続　債　権　者　　　2　特　定　受　遺　者 　③　相続財産の分与を請求する者　　　4　そ　　　の　　　他	
(その具体的実情) 1　**申立人は,被相続人の近所に居住する被相続人の亡夫の弟** 　**にあたる者ですが,令和○年ころから,夫に先立たれ一人暮** 　**らしの被相続人の身の回りの世話をし,被相続人所有の別添** 　**の遺産目録中の不動産を事実上管理してきました。** 2　**被相続人は,令和○年○月○日に死亡し,相続が開始しま** 　**したが,相続人の全員が相続放棄をし,また,遺言の存否も** 　**不明なので,申立人が管理する不動産を引き継ぐことができ**	相　続　財　産 ※ ①　土　　　　　　　地 ②　建　　　　　　　物 ③　現　　　　　　　金 4　預　・　貯　金 5　有　価　証　券 6　貸　金　等　の　債　権 7　借地権・借家権 8　そ　　の　　他
ません。このような状況にありますので申立ての趣旨のとお	内訳は別紙遺産目録のとおり
り審判を求めます。	遺言　※　1　有　②　無　3　不明
(備　考)	

※あてはまる番号を○でかこむ。

※遺産目録の記載は省略します。

(2)　民法952条の相続財産管理人の職務

ア　意　義

　　相続財産管理人の職務は、家庭裁判所の監督の下で、相続財産法人の代表者として、あるいは後日現れるかもしれない相続人の法定代理人として、相続財産を管理するとともに、相続人の存否を確定し、また、相続財産から弁済を受けるべき債権者・受遺者を確定し、相続人不存在が確定したときは、相続財産を清算して残余財産を国庫に帰属させるというものです。

イ　職　務

　　相続財産管理人の職務は、①相続人の捜索、②相続財産の管理及び③相続債権者のための相続財産の清算が主なものです。

①　相続人の捜索

　　家庭裁判所は、相続管理人を選任するとその旨を官報で公告します（民法952条2項）。この官報公告掲載日の翌日から2か月を経過しても相続人のいることが明らかでないときは、相続財産管理人は、遅滞なく、一切の相続債権者及び受遺者に対して、2か月を下らない一定の期間内にその請求の申出をすべき旨を公告しなければなりません（民法957条2項の準用する同法927条2項。官報公告文例は後記資料1）。また、知れたる債権者及び受遺者は、申出がなくても排斥されないため、相続財産管理人は、各別に請求申出の催告をしなければなりません（民法957条2項の準用する同法927条3項。個別催告書例は後記資料2）。

　　なお、この公告期間を経過してもなお相続人が不明のときは、相続財産管理人又は検察官は、家庭裁判所に対して、相続人があるならば6か月を下らない一定の期間内にその権利を主張すべき旨を公告することを申立てなければなりません（民法958条。申立書例は後記資料3）。この公告は、相続財産の調査により、債務超過が明らかになったとや、債務弁済等によって相続財産がなくなったときは、行う必要がな

いと解されています。

【資料1　官報公告文例】

相続債権者受遺者への請求申出の催告

　　本　　　籍　　○○県○○市○○町○○番地、最後の住所　本籍に同じ

　　被相続人　亡　　○○○○

　　右被相続人の相続人のあることが不明なので、一切の相続債権者及び受

遺者は、本公告掲載の翌日から二箇月以内に請求の申し出をして下さい。

右期間内にお申し出がないときは弁済から除斥します。

　　令和○年○月○日

　　　　　　○○県○○市○○町○○番地

　　　　　　相続財産管理人　　○○○○

※　実際の官報公告は縦書きです。

【資料2　個別催告書の文例】

債権請求の申出の催告

　　　　　　　　　　　　　　　　　　　令和○年○月○日

債権者各位

　　　　　　　　　住所　　○○県○○市○町○番地

　　　　　　　　　亡○○○○相続財産管理人○○○○

　　　　　　　　　TEL○○－○○－○○　FAX○○－○○－○○

　　　　　　被　相　続　人　　　○○○○（平成○○年○月○日生）

　　　　　　本　　　　　籍　　　○○県○○市○町○番地

　　　　　　最後の住所地　　　○○県○○市○町○番地

　上記被相続人は、令和○年○月○日に死亡し、令和○年○月○日、○○家庭裁判所において相続財産管理人選任の申立てが受理され、同日付で私が上記被相続人の相続財産管理人に選任されました（○○家庭裁判所令和○年（家）第○○号）。

　つきましては、令和○年○月○日までに債権請求の申出をしてください。なお、債権の存在、内容、金額に関する資料等がございましたら、その写しをあわせてご送付ください。

Column　**相続人不存在とは**

　民法952条の相続財産管理人が選任される相続人が不存在の場合とは、相続人全員が相続放棄をした場合や被相続人に最初から相続人がいない場合だけでなく、被相続人が誰であるか特定することができないため、その親族関係を明らかにすることができない場合を含むとされているようです。

【資料3　相続人捜索の公告手続申立書例】

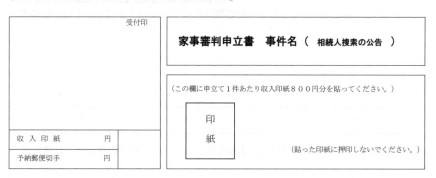

受付印		**家事審判申立書　事件名（　相続人捜索の公告　）**

（この欄に申立て1件あたり収入印紙800円分を貼ってください。）

印
紙

（貼った印紙に押印しないでください。）

収入印紙　　　　円
予納郵便切手　　　円

東　京 家庭裁判所	申　立　人	**被相続人甲野花子相続財産管理人**
御中	（又は法定代理人など）	**乙　野　一　郎**　㊞
令和 〇〇年 〇 月 〇 日	の記名押印	

（審理のために必要な場合は，追加書類の提出をお願いすることがあります。）

添付書類　官報公告の写し

準口頭

申立人	本　籍 （国　籍）	（戸籍の添付が必要とされていない申立ての場合は，記入する必要はありません。）　都道府県
	住　所	〒 〇〇〇 － 〇〇〇〇　東京都 〇〇 区 ××× 〇丁目〇番〇号 ハイツ〇〇　〇〇〇 号（　　方）
	フリガナ 氏　名	オツ ノ　イチ ロウ　**乙　野　一　郎**　昭和・平成 〇 年〇 月〇 日生（　〇〇　歳）
被相続人	本　籍 （国　籍）	（戸籍の添付が必要とされていない申立ての場合は，記入する必要はありません。）　〇〇 都道府県 〇〇 市 〇〇 町 〇 番地
	住　所	〒 〇〇〇 － 〇〇〇〇　東京都 〇〇 区 ××× 〇丁目〇番〇号（　　方）
	フリガナ 氏　名	コウ ノ　ハナ コ　**甲　野　花　子**　昭和・平成 〇 年〇 月〇 日生（　〇〇　歳）

（注）太枠の中だけ記入してください。

申　立　て　の　趣　旨
被相続人に相続人があるならば一定の期間内にその権利を主張すべき旨の公告手続を求めます。

申　立　て　の　理　由
1　申立人は令和〇年〇月〇日〇〇家庭裁判所において、相続財産管理人に選任され相続財産管理人の公告も令和〇年〇月〇日官報に掲載されました。
2　しかし、同公告から2か月以内に相続人のあることが明らかにならなかったので、申立人は相続債権者及び受遺者に対して債権申出の催告をなし、この公告は令和〇年〇月〇日官報に掲載されましたが、催告期間を経過しても相続人のあることが明らかになりませんでした。
3　したがって、申立人は相続人があるならば一定の期間内にその権利を主張すべき旨の公告手続をされたく民法958条に基づきこの申立てをします。

②　相続財産の管理

　相続財産管理人は、就任後2か月を目安に被相続人の財産を調査（家庭裁判所の事件記録の閲覧・謄写、申立人や被相続人の関係者からの事情聴取、金融機関の取引履歴明細書の取得、不動産登記事項証明書の取得等）して、財産目録を作成し、家庭裁判所に提出します。また、家庭裁判所は、相続財産管理人に対し、財産の状況の報告及び管理の計算を命ずることができます。財産目録作成費用、官報公告費用及びその他管理費用は、相続財産の中から支払うことができます。

　なお、相続人のあることが明らかでないときは、相続財産は、法人にするとされているので（民法951条）、相続財産管理人は、相続財産中の不動産については相続財産法人名義への登記名義人氏名変更登記を申請する必要があります（申請書例は後記資料1）。また、預貯金通帳等については、財産の保全のために「亡○○○○相続財産管理人○○○○」と代理人登録をする必要があります。

　相続財産管理人の権限は、保存行為及び代理の目的たる物又は権利の性質を変えない範囲内において、その利用又は改良を目的とする行為をする権限（民法103条）に限られ、善管注意義務をもって、事務を遂行しなければなりません。事務を遂行する中で、不動産の売却・取壊し、動産の売却・譲渡・廃棄、ゴルフ会員権・株式等の売却、永代供養料の支払い・墓地等の購入費用、出資金持分譲渡契約、訴訟提起・訴えの取下げ・和解・調停、立替金の支払いや被相続人が生存していたなら当然謝礼をしたと思われる者への謝金支払い等、権限を超える行為をする必要があるときは、家庭裁判所に相続財産管理人の権限外行為許可の申立てをし、許可を受ける必要があります（申立書例は後記資料2）。

【資料1 登記申請書例】

（申請書例）

登 記 申 請 書

登記の目的　　○番所有権登記名義人氏名変更

原　　　因　　令和○年○月○日　相続人不存在　※日付は、被相続人の

死亡日

変更後の事項　登記名義人　亡○○相続財産

申　請　人　（住所）亡○○相続財産管理人　○○○○

添 付 書 類　登記原因証明情報（特例）

代理権限証明情報（特例）

令和○年○月○日申請　　○○法務局

代　理　人　（住所）司法書士　甲

電話番号　○○○-○○○○-○○○○

登録免許税　　金1,000円

不動産の表示

所　　　　在　　○市○町○番地

家 屋 番 号　　○番

種　　　　類　　居宅

構　　　　造　　木造瓦葺2階建

床　面　積　　1階　　○○.○○m²

2階　　○○.○○m²

（登記記録例）

順位番号	登記の目的	受付年月日・受付番号	権利者その他の事項
○番	所有権移転	平成年月日受付第○号	原因　平成○○年○月○日売買 所有者　（住所）　<u>A</u>
付記1号	○番登記名義人氏名変更	令和年月日受付第○号	原因　令和○年○月○日相続人不存在 登記名義人　亡○○相続財産

【資料2　権限外行為許可の申立書例】

受付印		**家事審判申立書事件名（相続財産管理人の権限外行為許可）**
		（この欄に申立て1件あたり収入印紙800円分を貼ってください。）
		印紙
		（貼った印紙に押印しないでください。）
収入印紙　　　　円		
予納郵便切手　　円		

東 京 家庭裁判所　御中 令和 〇〇年 〇 月 〇 日	申 立 人 （又は法定代理人など） の 記 名 押 印	**被相続人甲野花子相続財産管理人** **乙 野 一 郎** ㊞

添付書類	（審理のために必要な場合は，追加書類の提出をお願いすることがあります。） **不動産登記事項証明書、不動産評価書、売買契約書案**	準 口 頭

申 立 人	本　籍 （国　籍）	（戸籍の添付が必要とされていない申立ての場合は，記入する必要はありません。）　都 道 　府 県		
	住　所	〒 〇〇〇 － 〇〇〇〇 **東京都 〇〇 区 ××× 〇丁目〇番〇号 ハイツ〇〇　〇〇〇 号**（　　　方）		
	フリガナ 氏　名	オツ ノ　イチ ロウ **乙 野 一 郎**	昭和 平成 〇 年 〇 月 〇 日生 （　　〇〇　　歳）	
被 相 続 人	本　籍 （国　籍）	（戸籍の添付が必要とされていない申立ての場合は，記入する必要はありません。） **〇〇** 都 道 **〇〇 市 〇〇 町 〇 番地**　府 県		
	住　所	〒 〇〇〇 － 〇〇〇〇 **東京都 〇〇 区 ××× 〇丁目〇番〇号**（　　方）		
	フリガナ 氏　名	コ ウ ノ　ハ ナ コ **甲 野 花 子**	昭和 平成 〇 年 〇 月 〇 日生 （　　〇〇　　歳）	

（注）太枠の中だけ記入してください。

申　　立　　て　　の　　趣　　旨
被相続人甲野花子の相続財産管理人である申立人が、相続財産である別紙目録記載の不動産を〇〇〇〇に金〇〇万円で売却することを許可するとの審判を求めます。

申　　立　　て　　の　　理　　由
1　別紙目録記載の不動産は、被相続人甲野花子の相続財産ですが、〇〇〇〇が買受けを希望しています。
2　不動産鑑定士〇〇に評価を依頼したところ、金〇〇万円と評価されました。
3　上記〇〇〇〇に対し、本物件を金〇〇万円で売却したく、この申立てをします。

※目録の記載は省略します。

③　相続財産の清算

（ⅰ）　相続人が現れた場合

　　家庭裁判所が行う公告期間（6か月以上の期間）の満了までに、相続人が現れて、相続を承認すると相続財産管理人の管理権は消滅し、相続財産管理人は、相続財産の管理計算をして、相続人に管理財産を引き渡すことになります。

（ⅱ）　特別縁故者への相続財産の分与

　　家庭裁判所が行う公告期間（6か月以上の期間）の満了日から3か月以内に被相続人と特別の縁故があった者（被相続人と生計を同じくしていたり、被相続人の療養看護に努めていたりした者等、以下、「特別縁故者」といいます。）は、相続財産の分与を家庭裁判所に申立てることができます（民法958条の3第1項2項。申立書例は後記資料1）。この分与は、「被相続人の合理的意思を推測探究し、いわば遺贈ないし死因贈与制度を補充する趣旨も含まれている」ものと解されています（最判平成元年11月24日民集43巻10号1220頁）。なお、民法255条は、共有者の1人が相続人なくして死亡したときに、その者の共有持分は他の共有者に帰属すると規定していますが、共有財産についても特別縁故者への相続財産の分与の対象となるので、共有財産においてはこの分与がなされないときに民法255条により他の共有者にその持分が帰属するということになります（前掲・最判平成元年11月24日）。

　　家庭裁判所は、その申立てを相当と認めるときは、特別縁故者に、相続財産の清算後に残存した相続財産の全部又は一部を与えることができます（民法958条の3第1項）。特別縁故者が複数いるときは、具体的、実質的な縁故の濃淡の程度に応じた分与がされます（広島高決平成15年3月28日家月55巻9号60頁）。この特別縁故者には、自然人だけでなく、法人や自治体、大学等も認められることがあります（大学につき、大阪家審昭和57年3月31日家月35巻8号129頁）。

　また、被相続人の相続について相続放棄をした者も、特別縁故者として認められることがあるようです（広島高岡山支決平成18年7月20日家月59巻2号132頁）。

　なお、この民法958条の3の審判によって、特別縁故者が被相続人の不動産を取得するときは、「年月日民法958条の3の審判」を登記原因とする所有権移転登記をすることになります（登記申請書例は後記資料2）。

令和5年4月1日施行の民法改正の影響について

　令和5年4月1日施行の民法改正により、現行の民法958条の3の規定が、民法958条の2に移行します。その関係で、改正後の特別縁故者に対する所有権移転登記の原因は、「年月日民法958条の2の審判」になるものと考えられます（改正前後の条文については、巻末資料22の新旧対照表を参照してください。）。

Column　遺言の活用

　実務上、特別縁故者であっても、被相続人の相続財産の全部が分与されることは少ないようです。

　被相続人の死亡後に特別縁故者となり得る内縁の配偶者、同性のパートナー、療養看護に努めてくれる遠縁の親族や友人等がいる場合は、それらの人により確実に、円滑に財産を承継できるように遺言を作成されることをお勧めします。

【資料1　特別縁故者に対する相続財産の分与審判申立書例】

※東京家庭裁判所 HPより

受付印	家事審判申立書　事件名（　特別縁故者に対する財産分与　）
	（この欄に申立手数料として1件について800円分の収入印紙を貼ってください。）

収入印紙	円
予納郵便切手	円
予納収入印紙	円

（貼った印紙に押印しないでください。）

準口頭		関連事件番号　平成・令和　　年（家　　）第　　　　　　　　　号

東京家庭裁判所　　御中　令和 ○年○月○日	申立人（又は法定代理人など）の記名押印	丙 田 杉 男　　印

添付書類	（審理のために必要な場合は，追加書類の提出をお願いすることがあります。）　申立人の住民票（本籍記載あり）

申立人

本籍（国籍）	（戸籍の添付が必要とされていない申立ての場合は，記入する必要はありません。）　都道府県
住所	〒○○○－○○○○　　電話 ○○○（○○○）○○○○　東京都○○区×××○丁目○番○号　　（　　　方）
連絡先	〒　－　　電話（　　）（　　方）
フリガナ　氏名	ヘイ タ スギ オ　丙 田 杉 男　　昭和・平成 ○年○月○日生（ ○○ 歳）
職業	無 職

被相続人

本籍（国籍）	（戸籍の添付が必要とされていない申立ての場合は，記入する必要はありません。）　都道府県
最後の住所	〒　－　　電話（　　）　申立人の住所と同じ　　（　　方）
連絡先	〒　－　　電話（　　）（　　方）
フリガナ　氏名	コウ ノ ハナ コ　甲 野 花 子　　大正・昭和・平成 ○年○月○日生（ ○○ 歳）
職業	無 職

（注）　太枠の中だけ記入してください。
※の部分は，申立人，法定代理人，成年被後見人となるべき者，不在者，共同相続人，被相続人等の区別を記入してください。

申 立 て の 趣 旨
申立人に対し，被相続人の相続財産を分与するとの審判を求めます。

申 立 て の 理 由
1 申立人は，平成〇〇年〇月〇日から被相続人の内縁の妻として同棲してきました。
ここ5年間は被相続人が病床についてため，同人の療養看護に努めてきました。
2 被相続人は，令和〇〇年〇月〇日死亡しましたが，相続人がないので，私の申立て
により令和〇〇年〇月〇日〇〇家庭裁判所において相続財産管理人として乙野一郎が
選任され，同裁判所は相続財産管理人の申立てに基づき相続人捜索の公告をし，令和
〇〇年〇月〇日に公告期間は満了しましたが，権利の申出はありませんでした。
3 被相続人には，別紙目録のとおり遺産があり，この遺産は，申立人の協力・寄与に
よって得たものですが，被相続人の遺言はありません。
4 よって，相続債務清算後の残余財産は，被相続人と特別縁故関係にある申立人に分
与されたくこの申立てをします。

※目録の記載は省略します。

【資料2　登記申請書例】

（申請書例）

登　記　申　請　書

登記の目的　　　所有権移転

原　　　因　　　令和○年○月○日　民法第958条の3の審判　※日付は、審
　　　　　　　　　　　　　　　　　　　　　　　　　　　　　　　判確定日

権　利　者　　　（住所）　　　B

義　務　者　　　（住所）　亡○○相続財産管理人　○○○○

添付書類　　　　登記原因証明情報（特例）

　　　　　　　　住所証明情報（特例）

　　　　　　　　代理権限証明情報（特例）

令和○年○月○日申請　○○法務局

代　理　人　　　（住所）司法書士　甲

　　　　　　　　電話番号　○○○-○○○○-○○○○

課税価格　　　金1,000万円

登録免許税　　金20万円

不動産の表示

　　　所　　　　　在　　○市○町○番地

　　　家　屋　番　号　　○番

　　　種　　　　　類　　居宅

　　　構　　　　　造　　木造瓦葺2階建

　　　床　面　積　　　1階　　○○. ○○m^2

　　　　　　　　　　　2階　　○○. ○○m^2

　　　　　　　　価格　金1,000万円

（登記記録（甲区）例）

順位番号	登記の目的	受付年月日・受付番号	権利者その他の事項
○番	所有権移転	平成年月日受付第○号	原因　平成○○年○月○日売買 所有者　　（住所）　　A
付記1号	○番登記名義人氏名変更	令和年月日受付第○号	原因　令和○年○月○日相続人不存在 登記名義人　亡○○相続財産
△番	所有権移転	令和年月日受付第○号	原因　令和○年○月○日民法第958条の3の審判 所有者　　（住所）　　B

　　(iii)　国庫への帰属

　　　　①の一連の公告手続によって相続人が存在しないことが確定し、相続財産管理人が、相続債権者・受遺者に対して弁済をした後、特別縁故者への相続財産の分与をしてもなお残余財産があるときは、その財産は国庫に帰属します（民法959条）。

　　　　具体的には、国有財産法2条1項記載の財産については、財務省所轄の普通財産となりますので、相続財産から所轄財務局長に引き継ぎ、その他の動産・現金については、相続財産管理人から家庭裁判所に引き継ぐことになります。

　ウ　管理の終了

　　相続財産管理人による相続財産の管理は、残余財産を国庫に引き継ぐ前に、相続人が現れたとき、特別縁故者に対して財産を引き継いだとき、相続財産の破産手続開始決定により破産管財人に対して財産を引き継いだとき、管理財産が無くなったとき及び国庫に残余財産を引き継いだときに終了します（この引継ぎが完了するまでは、相続財産法人は消滅せず、相続財産管理人の代理権も引き継ぎ未了の相続財産については存続することになります（最判昭和50年10月24日民集29巻9号1483頁）。）。それぞれの引き継ぎを行い、管理が終了したときは、相続財産管理人は、家庭裁判所に管理完了報告書を提出します。

10　再転相続の相続放棄

　再転相続人は、第二相続の被相続人の相続だけを承認して、第一相続の被相続人の相続のみを相続放棄することができます。例えば、祖父が債務超過の状態で死亡したものの、父の相続分だけを相続したいという場合に、祖父の孫（父の子）である代襲相続人は、祖父の相続についてのみ相続放棄することができます。代襲相続人は、祖父の相続を承認又は放棄するか選択する権利を父から相続しているためです。

　また、その際の熟慮期間の起算点は、前述のとおり、再転相続人が自己のために相続の開始があったときとなります。

　申述先の家庭裁判所は、第一相続の被相続人の最後の住所地を管轄する家庭裁判所です。手続費用は、通常の相続放棄の申述と同じですが、添付書類は、前記1(3)のもの（63〜64ページ）に加えて、第一相続の相続人（第二相続の被相続人）の死亡の記載のある戸籍謄本等が必要になります。

【再転相続の相続放棄申述書例】

<table>
<tr><td rowspan="2">受付印</td><td colspan="2" style="text-align:center">相 続 放 棄 申 述 書</td></tr>
<tr><td colspan="2">（この欄に申立人1人について収入印紙800円分を貼ってください。）</td></tr>
<tr><td>収 入 印 紙　　　　円</td><td colspan="2"></td></tr>
<tr><td>予納郵便切手　　　　円</td><td colspan="2" style="text-align:right">（貼った印紙に押印しないでください。）</td></tr>
</table>

準口頭		関連事件番号　平成・令和　　年（家　　）第　　　　　号

東京　家庭裁判所　　　　御中　令和○年○月○日	申　述　人（未成年者などの場合は法定代理人）の記名押印	甲　野　一　郎　㊞

添付書類	（同じ書類は1通で足ります。審理のために必要な場合は追加書類の提出をお願いすることがあります。） 戸籍（除籍・改製原戸籍）謄本（全部事項証明書） 被相続人の住民票除票又は戸籍附票

申述人	本　籍（国　籍）	○　○　都道府県　○○市○○町○丁目○○番地		
	住　所	〒○○○－○○○○　　　　　　　電話　○○○（○○○○）○○○○ 東京都○○区×××○丁目○○番○○号　○○アパート○号室（　　方）		
	フリガナ 氏　名	コウノ　イチロウ 甲　野　一　郎	昭和・平成・令和　○○年○○月○○日生（○○歳）	職業　会社員
	被相続人との関係	※　被相続人の・・・　1 子　②孫　3 配偶者　4 直系尊属（父母・祖父母）　5 兄弟姉妹　6 おいめい　7 その他（　　　）		
法定代理人等	※1 親権者2 後見人3	住　所	〒　－　　　　　電話（　　）（　　方）	
		フリガナ 氏　名	フリガナ 氏　名	
被相続人	本　籍（国籍）	○　○　都道府県　○○市○○町○丁目○○番地		
	最後の住所	東京都○○区×××○丁目○○番○○号	死亡当時の職業　無職	
	フリガナ 氏　名	コウノ　オツタロウ 甲　野　乙太郎	平成・令和　○○年○○月○○日死亡	

（注）太枠の中だけ記入してください。　※の部分は，当てはまる番号を○で囲み，被相続人との関係欄の7，法定代理人等欄の3を選んだ場合には，具体的に記載してください。

申　述　の　趣　旨
相　続　の　放　棄　を　す　る　。

申　述　の　理　由

※
相続の開始を知った日・・・・平成・(令和) ○○ 年 ○○ 月 ○○ 日

　1　被相続人死亡の当日　　3　先順位者の相続放棄を知った日
　2　死亡の通知をうけた日　(4) その他（被相続人に債務があったのを知った日）

放　棄　の　理　由	相　続　財　産　の　概　略		
※ 1　被相続人から生前に贈与を受けている。 2　生活が安定している。 3　遺産が少ない。 4　遺産を分散させたくない。 (5)　債務超過のため。 6　その他 〔　　　　　　　〕	資	農　地・・・・　約＿＿＿＿平方メートル 山　林・・・・　約＿＿＿＿平方メートル 宅　地・・・・　約＿＿＿＿平方メートル 建　物・・・・　約＿＿＿＿平方メートル	
	産	現金・預貯金・・　約**１００**万円 有価証券・・・・　約＿＿＿＿万円	
	負　債・・・・・・・　約**１０００**＿＿＿万円		

（注）太枠の中だけ記入してください。　※の部分は，当てはまる番号を○で囲み，申述の理由欄の4，
　　　放棄の理由欄の6を選んだ場合には，（　　　）内に具体的に記入してください。

令和　　年（　　）第　　　　号

上　申　書

（本申述が熟慮期間内の申述であることについて）

　私は、今般、御庁に相続放棄申述書を提出しましたが、申述の日は、被相続人○○○○の死亡日である平成○年○月○日から既に3か月が経過しておりますし、さらに被相続人の死亡によって被相続人の相続人となった△△△も既に亡くなっており、私は、この度、被相続人の相続のみを放棄致したく、本申述を行いました。被相続人の死亡日から3か月を経過した点につきましては、次のような事情がございます。

　私は、被相続人の死亡により、相続人となったのは私の父である△△△であったため、祖父である被相続人の相続につき、まったく状況を把握しておりませんでした。もちろん、被相続人の死亡時の資産がどれ程存在したかはわかりませんし、父も相続人ではあったものの法的な手続きは特段していなかったと思います。親戚一同、特に遺産分割協議などをしなくても、何一つ不自由なことがなかったということで、父も被相続人の相続時の資産は存在しないか、まったく把握していなかったかと思います。当然、父には、相続放棄を検討するきっかけすらなかったと思われます。父は、令和○年○月○日に亡くなりました。

　しかし、それから4か月程経った令和○年○月○日に、消費者金融業者から「被相続人には、生前に債務があり、あなたのお父様は、被相続人の相続によって、被相続人に発生した負債等を承継した後で亡くなっています。結論からいうと、そのお父様の死亡によって、あなたは、被相続人に帰属した債務等を承継しています。ですので、被相続人の相続について、速やかに相続放棄を行うか否かを判断して下さい。」という旨の連絡を受けました。なお、私は、その業者から連絡を受けるまで、相続放棄を検討するきっかけすらありませんでした。おそらく、被相続人の直接の相続人である父もその旨は知らなかったと思います。

　ついては、上記事情により、私にとっての被相続人の相続についての放棄の熟慮期間の起算点である「自己のために相続の開始があったことを知った時」は、上記業者からの連絡により相続債務等の存在を知った時である、令和○年○月○日です。ですので、被相続人の死亡日からは3か月経っておりますが、本申述は、相続放棄の熟慮期間内になされておりますので、御庁におかれましてその旨お取り計らいいただきたく、ここに上申致します。

　　　令和○年○月○日
　　　　　申立人
　　　　　　　住所
　　　　　　　氏名
　　　　　　　　　　―――――――――――――――――――　㊞
○○家庭裁判所　御中

11　既になされた相続登記と相続放棄

(1)　意　義

　　相続を原因とする法定相続分の割合による所有権移転登記は、遺産分割協議をすることなく、保存行為として相続人の1人から申請することができます。例えば、被相続人の相続人が、子A及びBで、Aのみが申請人となり、「持分2分の1A、持分2分の1B」という相続登記を申請することができます。

　　また、代位申請によって、相続人全員に登記請求権を有する者から法定相続分の割合による相続登記がなされることもあります。

　　法定相続分の割合による相続登記がなされたものの、その前後で法定相続人中に相続放棄をした者がいることが判明した場合、どのような登記申請によって真の相続人の登記名義にするかが問題となります。

　　なお、本書では、登記先例に基づいて解説しますが、見解が統一されていないようなので、登記原因の記載を含めて申請先の法務局に確認してから申請するようにしてください。

(2)　相続登記の前に相続放棄の申述がされた場合

ア　相続人全員が相続放棄をした場合

　　法定相続分の割合による相続登記が申請される前に相続人全員が相続放棄の申述をしていたとき（実務上、代位申請によって相続登記がなされたときにこのようなことが起こり得ます。）、所有権の登記名義を相続放棄した者から次順位の相続人の登記名義にするには、その前提として、登記権利者を次順位の相続人、登記義務者を現在の所有権登記名義人（相続放棄をした者全員）とする共同申請で、相続登記の抹消登記をした後で、次順位の相続人に相続を原因とする所有権移転登記をすることになります。

　　添付書類は、①代位申請によってなされた相続登記の場合は、代位者の承諾書、②相続放棄をした者の相続放棄をしたことを証する書面（相

続放棄申述受理証明書、相続放棄申述受理通知書等）、③次順位の相続人の相続権を証する戸籍謄本等となります（昭和52年4月15日民三第2379号）。なお、次順位の相続人が不存在のときは、相続財産管理人の選任を家庭裁判所に申立て、選任された相続財産管理人を登記権利者として、共同申請で相続登記の抹消登記を申請します。

イ　相続人の一部が相続放棄をした場合

　　法定相続分の割合による相続登記が申請される前に相続人の一部が相続放棄の申述をしていたときは、登記権利者を相続放棄をしていない相続人、登記義務者を相続放棄をした者とする共同申請で、相続登記の更正登記をすることになります（昭和39年4月14日民事甲第1498号）。

(3)　**相続登記の後に相続放棄の申述がされた場合**

ア　相続人全員が相続放棄をした場合

　　法定相続分の割合による相続登記が申請された後に相続人全員が相続放棄の申述をしたとき、所有権の登記名義を相続放棄をした者から次順位の相続人の登記名義にするには、登記権利者を次順位の相続人、登記義務者を現在の所有権登記名義人（相続放棄をした者全員）とする登記原因を「年月日A及びBの相続放棄」とする共有者全員持分移転登記をすることになります（昭和33年4月15日民事甲第771号）。

イ　相続人の一部が相続放棄をした場合

　　法定相続分の割合による相続登記が申請された後に相続人の一部が相続放棄の申述をしたときは、登記権利者を相続放棄をしていない相続人、登記義務者を相続放棄をした者とする共同申請で、持分全部移転登記をすることになります（昭和26年12月4日民事甲第2268号）。

弁護士法第23条の２に基づく照会について（債権者代位による相続登記のされた第一順位者につき相続放棄があった場合の相続投棄の抹消方法について）

（昭和51年10月14日付け発第76の500第二東京弁護士会長照会、昭和52年４月15日付け法務省民三第2378号民事局第三課長回答）

【要旨】　　債権者代位によって第一順位の法定相続人甲・乙・丙のために相続登記がなされたが、右登記前に甲・乙・丙全員が相続放棄をしていた場合、第二順位の法定相続人丁のために相続登記をするには、その前提として丁が相続人であることを証する書面（甲・乙・丙が相続放棄により相続人でなくなったことを証する書面を含む）を添付して、甲・乙・丙と丁（又は丁に代位して丁の債権者。）との共同申請により、甲・乙・丙名義の相続登記の抹消をすべきである。

（照会）　　債権者が代位により、甲・乙・丙のために相続登記をなした（昭51・６・10）。ところがこの代位登記の前（昭51・５・15）に甲・乙・丙は民法第938条による相続放棄の申述をしたため、第二順位たる丁が相続することになった。この場合、債権者が代位による相続登記を錯誤により抹消し、あらためて代位による相続登記ができるものと考えますが、御意見を御伺いいたします。もし右の錯誤による抹消ができない場合、丁名義にする他の方法を御伺いいたします。

（回答）　　客年10月14日付け発第76の500をもって照会のあった標記の件については、左記のとおり回答します。

記

　所問の場合、丁名義に相続の登記をするには、その前提として甲・乙・丙と真の相続人丁（又は、丁に代位して丁の債権者。）との共同申請により甲・乙・丙名義の相続登記の抹消をすべきものと考えます。

　なお、右の相続登記の抹消の申請書には、丁が相続人であることを証する書面として、戸籍謄本等のほか、甲・乙・丙が相続放棄により相続人でなくなったことを証する書面の添付を要するので、念のため申し添えます。

相続登記の更正について

（昭和38年11月４日付総第4364号鹿児島地方法務局長照会、同39年４月14日付民事甲第1498号民事局長回答並びに各法務局長、地方法務局長あて通達）

　　標記の件について、別紙甲号のとおり鹿児島地方法務局長から問合せがあり、別紙乙号のとおり回答したから、この旨貴管下登記官に周知方しかるべく取り計らわれたい。

別紙甲号

　　抵当権の登記ある甲名義の不動産について、他の債権者Ａから相続人乙、丙、丁（いずれも被相続人の子）のため相続による所有権移転の代位登記がなされた後、相続放棄申述受理証明書、又は民法第903条第２項の規定に該当することの証明書を添付して、登記権利者を乙、同義務者を丙、丁として、さきになされた相続登記の更正登記の申請があった場合における登記事務の取扱いについて、左記のとおり疑義がありますので、何分の御垂示を賜わりますようお願いします。

記

一、不動産登記法第51条第３項の規定により、相続登記の末尾に記載された所問の代位債権者Ａは、同法第56条第１項前段でいう「登記上利害ノ関係ヲ有スル第三者」に該当すると解するが、それでよいか。

　（大審院大正９年10月13日決定参照）

二、前項が意見のとおりとすれば、Ａの、更正登記についての承諾書（債権の消滅したることを証する書面を含む）、又はこれに対抗することを得べき裁判の謄本の添付ある場合は附託登記によることは当然であるが、右の書面が添付されない場合は主登記ですることとなるか。

（昭和35年10月４日付民事甲第2493号民事局長事務代理通達参照）

二、それとも、所問の場合には、右の承諾書等の添付がなければ受理すべきでないと解すべきか。（私見(1)参照）

（私見）

(1)　不動産登記法第56条第1項前段の表現からすれば、所問の更正登記についても適用（主登記でなす）があると解することもできるが、主登記でなすことを認めると、登記の形式上所有者が併存（対抵当権者及び代位債権者の関係において）することとなり、登記の公示性からして好ましくないと考える。

別紙乙号

昭和38年11月4日付総第4364号をもつて問合せのあった標記の件については、次のとおりと考える。

なお、相続登記の更正登記の申請書には、相続放棄申述受理証明書、民法第903条第2項の規定に該当することの証明書又は相続を証する書面を添付することを要しないものと考える。

おつて、昭和33年7月5日民事甲第1366号本職回答は、右によつて変更されたものと了知されたい。

記

第一項　貴見のとおり。

第二項及び第三項　承諾書等が添付されていない場合は、却下する。

債権者代位により相続登記後、相続人全員が相続放棄した場合の登記の取扱について

（昭和33年2月8日総第1809号、鹿児島地方法務局長照会、同年4月15日付民事甲第771号民事局長心得回答）

（照会）　債権者が代位により甲、乙、丙のため相続登記をなし、仮差押、仮処分の登記がなされたが、その後甲、乙、丙は民法第938条による相続放棄の申述をしたため、第二順位たる丁が相続することとなった。今丁名義にするについて左記意見があり、㈡によるべきが相当と考えますがいささか疑義がありますので何分の御指示を仰ぎたく御伺いいたします。

なお日下差迫った事件がありますので至急御回答を願います。

記

㈠代位による相続登記を錯誤により抹消し、あらためて相続登記をする。

㈡丁のため帰属による所有権移転登記をする。

（回答）

　昭和33年2月8日付総第1809号で問合せのあった標記の件については、貴見のとおりと考える。

　なお、この場合には、登記原因を「甲、乙及び丙の相続の放棄」とすべきであり、その日付は相続放棄の申述に対する受理の審判の告知の日であるから、念のため申し添える。

昭和26年12月4日民事甲第2268号民事局長通達

相続登記事務取扱について

　標記の件について、今般別紙甲号の通り東京法務局長から照会があったので、別紙乙号の通り回答したから、この旨貴管下登記官吏に周知方然るべく取り計らわれたい。

（別紙甲号）

　共同相続人中の1人が民法第915条の規定により相続放棄の手続中に、耕地整理登記令第8条の2の規定により整理施行者が共同相続人に代わり、共同相続人全部のために相続に因る所有権移転の登記をしたが、その後共同相続人中の1人が相続の放棄をしたことを証する書面を添付して、先きになされた相続に因る所有権移転の登記の更正の登記を申請してきた場合受理してさしつかえないでしょうか、目下差しかかった事件もありますので、至急何分の御回示を煩わしたく御願いいたします。

（別紙乙号）

　昭和26年8月24日登第159号をもって照会のあった標記の件については、受理すべきでないと考える。

　なお、この場合には、登記原因を「相続の放棄」とし、持分の移転の登

記を申請すべきものと考える。

12　相続放棄の取消し

　相続人は、いったん相続放棄が受理されると熟慮期間内でもこれを撤回することができません（民法919条1項）。しかし、民法919条2項に定める取消原因があるときは、被相続人の最後の住所地を管轄する家庭裁判所に申述することで取り消すことができます。

　同項の規定は、「前項の規定は、第一編（総則）及び前編（親族）の規定により相続の承認又は放棄の取消しをすることを妨げない。」と規定していますが、具体的には、詐欺又は強迫により相続放棄をした場合（民法96条）、未成年者が法定代理人の同意を得ないで相続放棄をした場合（民法120条）、成年後見監督人があるにもかかわらず、成年後見人が成年後見監督人の同意を得ないで成年被後見人に代わって相続放棄をした場合（民法864条、865条）等が該当します。

　この取消権は、追認をすることができる時（詐欺の場合は詐欺であることを知った時、強迫の場合は強迫であることを知った時、成年被後見人の場合は成年被後見人が能力を回復して放棄をしたことを知った時）から6か月間行使しないときは時効により消滅し（民法919条3項）、また、放棄の時から10年を経過したときも時効により消滅します（同項）。

【相続放棄取消しの申述書例】

	受付印		家事審判申立書　事件名（　相続放棄の取消し　）

（この欄に申立て1件あたり収入印紙800円分を貼ってください。）

```
印
紙
```

（貼った印紙に押印しないでください。）

| 収 入 印 紙 | 円 |
| 予納郵便切手 | 円 |

東　京 家庭裁判所　御中	申　立　人	
令和　〇〇年 〇 月 〇 日	（又は法定代理人など） の 記 名 押 印	甲　野　一　郎　㊞

添 付 書 類	（審理のために必要な場合は，追加書類の提出をお願いすることがあります。）	準 口 頭

	本　籍 (国　籍)	（戸籍の添付が必要とされていない申立ての場合は，記入する必要はありません。） 〇〇 都 道 府 (県) 〇〇 市 〇〇 町 〇 番地	
申 述 人	住　所	〒 〇〇〇 － 〇〇〇〇 東京都 〇〇 区 ××× 〇丁目〇番〇号 ハイツ〇〇 〇〇〇 号 （　　　　方）	
	フリガナ 氏　名	コ ウ ノ　イ チ ロ ウ 甲　野　一　郎	昭和 (平成) 〇 年 〇 月 〇 日生 （　　　〇〇　　歳）
被 相 続 人	本　籍 (国　籍)	（戸籍の添付が必要とされていない申立ての場合は，記入する必要はありません。） 〇〇 都 道 府 (県) 〇〇 市 〇〇 町 〇 番地	
	住　所	〒 〇〇〇 － 〇〇〇〇 東京都 〇〇 区 ××× 〇丁目〇番〇号 （　　　　方）	
	フリガナ 氏　名	コ ウ ノ　ハ ナ　コ 甲　野　花　子	昭和 (平成) 〇 年 〇 月 〇 日生 （　　　〇〇　　歳）

（注）太枠の中だけ記入してください。

申　立　て　の　趣　旨
申述人は，令和〇年〇月〇日に東京家庭裁判所が受理した被相続人甲野花子の相続放棄を取り消します。

申　立　て　の　理　由
1　被相続人甲野花子の相続について、申述人甲野一郎（被相続人の長男）は相続放棄の申述をし、同申述は令和〇年〇月〇日東京家庭裁判所で受理されました。
2　被相続人の二男甲野二郎（申述人の弟）は、被相続人の遺産を独占しようと考え、申述人に対して、「被相続人の相続財産を調査したが、多大な債務しか残らない。自分も相続放棄するから」と申述人を誤信させて、申述人に相続放棄させたことが令和〇年〇月〇日に判明しました。
3　相続放棄の申述は、甲野二郎の申述人に対する詐欺によりなされたものであるので、同申述を取り消したくこの申述をします。

第2　限定承認の実務

1　申述の手続

(1)　申述書と財産目録

　　限定承認は、相続人が、熟慮期間内に、被相続人の最後の住所地を管轄する家庭裁判所に対して、申述書（相続人が1人の場合の申述書例は後記資料1、複数の場合の申述書例は後記資料2）とともに被相続人の財産目録（財産が不明の場合は、その旨を記載したもの）と後述の添付書類を提出することにより行います（民法924条）。相続人が複数いるときは、共同相続人全員が共同してのみ申述することができます（民法923条）。そのため、限定承認に反対する相続人がいるときは、その相続人に被相続人の相続について相続放棄をしてもらわない限り、限定承認をすることはできません。

　　なお、熟慮期間内に家庭裁判所に申述書及び財産目録を提出すれば、家庭裁判所の申述受理の審判がその期間が経過した後になされても、限定承認の効果は有効です。

令和5年4月1日施行の民法改正の影響について ─────────────

　令和5年4月1日施行の民法改正により、限定承認において相続人が複数の場合に選任される相続財産管理人の名称が「相続財産清算人」に変わります。

【資料１　限定承認申述書例（相続人が１人の場合）】

受付印	家 事 審 判 申 立 書　　事件名（　相続の限定承認　）
	（この欄に申立手数料として１件について８００円分の収入印紙を貼ってください。）
収入印紙　　　　　円 予納郵便切手　　　円 予納収入印紙　　　円	（貼った印紙に押印しないでください。）

準口頭		関連事件番号　平成・令和　　年（家　　）第　　　　　　　　　　号

東 京 家 庭 裁 判 所 　　　　　　　　御中 令和 ○ 年 ○ 月 ○ 日	申　述　人 （又は法定代理人など） の 記 名 押 印	甲 野 一 郎　印

添付書類	（審理のために必要な場合は，追加書類の提出をお願いすることがあります。） 申述人の戸籍謄本（全部事項証明書）　　　被相続人の戸籍謄本（全部事項証明書） 被相続人の住民票除票　　　　遺産目録

申 述 人	本　籍 （国　籍）	都道 ○○　府県　　○○市○○町○丁目○番地		
	住　所	〒 ○○○ － ○○○　　　　　　　　電話 ○○○　（ ○○○○ ）○○○○ 東京都○○区×××○丁目○番○号 （　　　　　　方）		
	連絡先	〒　　　－ （注：住所で確実に連絡できるときは記入しないでください。）　　電話　（　　　） （　　　　　方）		
	フリガナ 氏　名	コウ ノ　　イチ　ロウ 甲 野 一 郎	昭和 平成　○ 年 ○ 月 ○ 日生 令和　（ ○○ 歳）
	職　業	会 社 員	

※ 被 相 続 人	本　籍 （国　籍）	都道 府県　　申述人甲野一郎の本籍と同じ		
	住　所	〒　　－　　　　　　　　　　　　電話　（　　　） 申述人甲野一郎の住所と同じ（　　　　方）		
	連絡先	〒　　　－　　　　　　　　　　　電話　（　　　） （　　　　　方）		
	フリガナ 氏　名	コウ ノ　　タ　　ロウ 甲 野 太 郎	昭和 平成　○ 年 ○ 月 ○ 日生 令和　（ ○○ 歳）
	職　業	無 職	

（注）　太枠の中だけ記入してください。
※の部分は，申立人，法定代理人，成年被後見人となるべき者，不在者，共同相続人，被相続人等の区別を記入してください。

申　立　て　の　趣　旨
被相続人の相続につき限定承認します。

申　立　て　の　理　由
1　申述人は，被相続人の子であり，相続人は申述人だけです。
2　被相続人は令和〇年〇月〇日に死亡してその相続が開始し，申述人は，被相続人の死亡当日に相続の開始を知りました。
3　被相続人には別添の遺産目録記載の遺産がありますが，相当の負債もあり，申述人は，いずれも相続によって得た財産の限度で債務を弁済したいと考えますので限定承認をすることを申述します。

※遺産目録の記載は省略します。

【資料2　限定承認申述書例（相続人が複数の場合）】東京家庭裁判所HPより

受付印	**家 事 審 判 申 立 書　事件名（ 相続の限定承認 ）**
	（この欄に申立手数料として1件について800円分の収入印紙を貼ってください。）
収 入 印 紙 　　　円 予納郵便切手 　　　円 予納収入印紙 　　　円	（貼った印紙に押印しないでください。）

準口頭		関連事件番号　平成・令和　　年（家　　）第　　　　　　　　　　　号

東 京 家 庭 裁 判 所 　　　　　　　　　御 中 令和 ○ 年 ○ 月 ○ 日	申 述 人 （又は法定代理人など） の 記 名 押 印	甲　野　一　郎　㊞ 甲　野　二　郎　㊞

添付書類	（審理のために必要な場合は，追加書類の提出をお願いすることがあります。） 申述人の戸籍謄本（全部事項証明書）　　　　　　被相続人の戸籍謄本（全部事項証明書） 被相続人の住民票除票　　　　遺産目録

申 述 人	本　籍 （国 籍）	都 道 府 県 　○ ○　　○○市○○町○丁目○番地	
	住　所	〒 ○○○ － ○○○○　　　　　　　電話 ○○○ （ ○○○○ ） ○○○○ **東京都○○区×××○丁目○番○号**　　　　　　　　　　　（　　　　方）	
	連絡先	〒 　－　　　　　　　　　　　　　電話　　（　　　） （注：住所で確実に連絡できるときは記入しないでください。）　　（　　　　方）	
	フリガナ 氏　名	コウ　ノ　イチ　ロウ **甲　野　一　郎**	昭和 平成 ○ 年 ○ 月 ○ 日生 令和 　（ ○○ 歳）
	職　業	**会 社 員**	

※ 申 述 人	本　籍 （国 籍）	都 道 府 県 　**申述人甲野一郎の本籍と同じ**	
	住　所	〒 ○○○ － ○○○○　　　　　　　電話 ○○○ （ ○○○○ ） ○○○○ **東京県○○市××町○丁目○番○号　○○マンション○号室**　　（　　　方）	
	連絡先	〒 　－　　　　　　　　　　　　　電話　　（　　　） 　　　　　　　　　　　　　　　　　　　　　　　　　　（　　　　方）	
	フリガナ 氏　名	コウ　ノ　ジ　ロウ **甲　野　二　郎**	昭和 平成 ○ 年 ○ 月 ○ 日生 令和 　（ ○○ 歳）
	職　業	**会 社 員**	

（注）　太枠の中だけ記入してください。
※の部分は，申立人，法定代理人，成年後見人となるべき者，不在者，共同相続人，被相続人等の区別を記入してください。

※	本　籍 (国　籍)	都　道 府　県　申述人甲野一郎の本籍と同じ		
被 相 続 人	住　所	〒　　　－　　　　　　　電話　（　　　） 申述人甲野一郎の住所と同じ （　　　　　　方）		
	連　絡　先	〒　　　－　　　　　　　電話　（　　　） （　　　　　　方）		
	フリガナ 氏　名	コウ　ノ　タ　ロウ 甲　野　太　郎	昭和 平成　○ 年 ○ 月 ○ 日生 令和　（　　　　　　歳）	
	職　業	無　職		
※	本　籍 (国　籍)	都　道 府　県		
	住　所	〒　　　－　　　　　　　電話　（　　　） （　　　　　　方）		
	連　絡　先	〒　　　－　　　　　　　電話　（　　　） （　　　　　　方）		
	フリガナ 氏　名		昭和 平成　　年　　月　　日生 令和　（　　　　　　歳）	
	職　業			
※	本　籍 (国　籍)	都　道 府　県		
	住　所	〒　　　－　　　　　　　電話　（　　　） （　　　　　　方）		
	連　絡　先	〒　　　－　　　　　　　電話　（　　　） （　　　　　　方）		
	フリガナ 氏　名		昭和 平成　　年　　月　　日生 令和　（　　　　　　歳）	
	職　業			

(注)　太枠の中だけ記入してください。
※の部分は，申立人，法定代理人，成年被後見人となるべき者，不在者，共同相続人，被相続人等の区別を記入してください。

申　立　て　の　趣　旨
被相続人の相続につき限定承認します。

申　立　て　の　理　由
1　申述人らは，被相続人の子であり，相続人は申述人らだけです。
2　被相続人は令和〇年〇月〇日に死亡してその相続が開始し，申述人らは，
いずれも被相続人の死亡当日に相続の開始を知りました。
3　被相続人には別添の遺産目録記載の遺産がありますが，相当の負債もあ
り，申述人らは，いずれも相続によって得た財産の限度で債務を弁済した
いと考えますので限定承認をすることを申述します。
なお，相続財産管理人には，申述人の甲野一郎を選任していただくよう
希望します。

※遺産目録の記載は省略します。

⑵　**申述書の記載事項**

　　限定承認の申述書には、①当事者及び法定代理人（家事事件手続法201条5項1号）、②限定承認をする旨（同項2号）、③被相続人の氏名及び最後の住所（家事事件手続規則105条1項1号）、④被相続人との続柄（同項2号）、⑤相続開始があったことを知った年月日（同項3号）等を記載する必要がありますが、相続人が複数いる場合は、相続財産管理人が選任される関係で、一般的には相続財産管理人候補者を記載します。

⑶　**添付書類**

　　申述書と財産目録とともに家庭裁判所に提出する添付書類は、被相続人と申述人である相続人の関係によって異なりますが、それを整理すると次のとおりです。添付書類のうち、申述書等の提出前に入手できない戸籍等がある場合、その戸籍等は後で追加提出することもできます。なお、同一の被相続人についての熟慮期間の伸長の申立や相続放棄が先行している場合、それらの事件で提出済みのものは添付する必要はありません。

　ア　共通の書類

　　①被相続人の出生時から死亡時までのすべての戸籍謄本

　　②被相続人の住民票除票又は戸籍附票

　　③申述人全員の戸籍謄本

　　④被相続人の子（及びその代襲相続人）で死亡している者がいる場合、その子（及びその代襲相続人）の出生時から死亡時までのすべての戸籍謄本

　イ　申述人が、被相続人の（配偶者と）父母・祖父母等（直系尊属）（第二順位相続人）の場合

　　⑤被相続人の直系尊属に死亡している者（相続人と同じ代及び下の代の直系尊属に限る（例：相続人祖母の場合、父母と祖父））がいる場合、その直系尊属の死亡の記載のある戸籍謄本

　ウ　申述人が、被相続人の配偶者のみの場合、又は被相続人の（配偶者と）兄弟姉妹及びその代襲相続人（おいめい）（第三順位相続人）の場

合

⑤被相続人の父母の出生時から死亡時までのすべての戸籍謄本

⑥被相続人の直系尊属の死亡の記載のある戸籍謄本

⑦被相続人の兄弟姉妹で死亡している者がいる場合、その兄弟姉妹の出生時から死亡時までのすべての戸籍謄本

⑧代襲相続人としてのおいめいで死亡している者がいる場合、そのおい又はめいの死亡の記載のある戸籍謄本

(4)　申述費用

申述にかかる費用は、収入印紙800円と各家庭裁判所の定める予納郵券です。

(5)　相続人の1人が行方不明の場合

相続人の1人が行方不明の場合、他の相続人を始めとする利害関係人又は検察官は、不在者の従来の住所地の家庭裁判所に不在者財産管理人の選任の申立てをすることになります（民法25条1項。申立書例は後記資料1）。

申立てにより家庭裁判所から選任された不在者財産管理人は、不在の相続人に代わってその者の財産についての保存行為や代理の目的である物又は権利の性質を変えない範囲内において、その利用又は改良を目的とする行為をする権限を有するにすぎません（民法28条、103条）。

限定承認は、その権限外の行為ですので、限定承認の申述を行うことについて家庭裁判所の権限外行為許可を得て、他の共同相続人と申述を行う必要があります（審判申立書例は後記資料2）。

【資料1 不在者財産管理人選任申立書例】

受付印		不在者財産管理人選任申立書
		（この欄に収入印紙８００円分を貼ってください。） 印 紙 （貼った印紙に押印しないでください。）
収 入 印 紙　　　　円		
予納郵便切手　　　　円		

準口頭		関連事件番号　平成・令和　　　年（家　　）第　　　　　　　　　号

東 京 家 庭 裁 判 所 　　　　　　　　　　御中 令和 〇 年 〇 月 〇 日	申 立 人 （又は法定代理人など） の 記 名 押 印	甲 野 一 郎 ㊞

添付書類	申立人の戸籍謄本(不在者と親族関係にある場合)，不在者の戸籍謄本・戸籍附票，財産管理人候補者の住民票，財産目録，不動産登記事項証明書，預貯金通帳写し等，不在者の不在を証する書面，申立人の利害関係を証する書面 ※　このほかの資料の提出をお願いすることがあります。

	本　籍	〇〇 都道 府⑲ 〇〇市〇〇町〇丁目〇番地
申 立 人	住　所	〒 〇〇〇 － 〇〇〇〇　　　　　　　　　電話 〇〇〇 （ 〇〇〇 ） 〇〇〇〇 東京都〇〇区×××〇丁目〇番〇号 （　　　　　　　　方）
	連絡先	〒　　　－ （注：住所で確実に連絡できるときは記入しないでください。）　電話 （　　　　　） （　　　　　　　　方）
	フリガナ 氏　名	コウ ノ イチ ロウ 甲 野 一 郎	㊀昭和 平成 〇 年〇 月〇 日生
	本　籍	〇〇 都道 府⑲ 〇〇市〇〇町〇丁目〇番地
不 在 者	従来の 住　所	〒 〇〇〇 － 〇〇〇〇　　　　　　　　　電話 （　　　　　） 東京都〇〇区×××〇丁目〇番〇号 〇〇コーポ〇〇〇号室 （　　　　　　　　方）
	フリガナ 氏　名	コウ ノ ジ ロウ 甲 野 二 郎	昭和 平成 〇 年 〇 月 〇 日生

申　立　て　の　趣　旨
不在者の財産の管理人を選任する審判を求める。

申　立　て　の　理　由

不在者は，　昭和・平成・令和　○　年　○　月　○　日　（当時　○○　歳）から行方不明であるが，

※
① 本人が財産管理人を置いていないため。
2 本人が置いた財産管理人の権限が消滅したため。

申立人が，利害関係を有する事情
※
① 不在者の親族　　2 債 権 者　　3 国・県
4 そ の 他

申立ての動機
※
1 財 産 管 理　　2 売　　　　却　　3 遺 産 分 割（被相続人　　　　　　　　）
④ そ の 他

具体的実情
申立人は，不在者の兄です。平成○年○月○日に不在者の父太郎が死亡し，別紙財産目録記載の遺産があるが，負債の額が不明確であるため，限定承認の申述をする必要がある。 　不在者は財産管理人を置いていないため，限定承認の申述をすることができないので，申立ての趣旨のとおりの審判を求める。
不在者が行方不明になった理由（具体的に）・性格・不在者について知っていることについて書いてください。
不在者は，平成○年○月○日職を求めて大阪方面へ出かけて以来音信が途絶えたため，親戚，友人等に照会してその行方を探しましたが，今日までその所在は判明しません。

財産管理人候補者	本　　籍	○○ 都道府県 ○○市○○町○丁目○番地		
	住　　所	〒 ○○○ － ○○○○ 東京都○○区×××○丁目○番○号	電話 ○○○　（○○○　）○○○○ （　　　　　方）	
	フリガナ 氏　　名	コウノ　サブロウ 甲　野　三　郎	大正 昭和 平成 ○年○月○日生	
	職　　業	会　社　員		
	不在者との関係	※　1 利害関係人（　　　　　　　）　② その他（不在者の叔父（亡太郎の弟））		

※あてはまる番号を○でかこむ。

※財産目録の記載は省略します。

【資料2 権限外行為許可申立書例】

受付印	家事審判申立書 事件名(不在者の財産管理人の 権限外行為許可)
	(この欄に申立手数料として1件について800円分の収入印紙を貼ってください。)
収入印紙　　　　　円 予納郵便切手　　　円 予納収入印紙　　　円	(貼った印紙に押印しないでください。)

準口頭		関連事件番号 平成・令和　　　年(家　　)第　　　　　　　　号

東 京 家 庭 裁 判 所 　　　　　　　　　　　御中 令和 ○ 年 ○ 月 ○ 日	申 立 人 (又は法定代理人など) の 記 名 押 印	不在者甲野二郎不在者財産管理人 　甲 野 三 郎　㊞

添付書類	(審理のために必要な場合は，追加書類の提出をお願いすることがあります。)

申 立 人	本 籍 (国 籍)	(戸籍の添付が必要とされていない申立ての場合は，記入する必要はありません。) ○ ○ 　都道府県　○ ○ 市 ○ ○ 町 ○ 丁目 ○ 番地
	住 所	〒 ○○○ － ○○○○　　　　　　　　電話 ○○○ (○○○) ○○○○ 東京都○○区×××○丁目○番○号 　　　　　　　　　　　　　　　　　　　　(　　　　　　　　方)
	連絡先	〒　　－　　　　　　　　　　　　　　電話　　(　　　　) 　　　　　　　　　　　　　　　　　　　　(　　　　　　　　方)
	フリガナ 氏 名	コウ ノ サブ ロウ 甲 野 三 郎	昭和 平成 ○ 年 ○ 月 ○ 日生 (○○ 歳)
	職 業	会 社 員
※ 不 在 者	本 籍 (国 籍)	(戸籍の添付が必要とされていない申立ての場合は，記入する必要はありません。) ○ ○ 　都道府県　○ ○ 市 ○ ○ 町 ○ 丁目 ○ 番地
	住 所	〒 ○○○ － ○○○○　　　　　　　　電話　　(　　　　) 東京都○○区×××○丁目○番○号　○○コーポ○○○号室 　　　　　　　　　　　　　　　　　　　　(　　　　　　　　方)
	連絡先	〒　　－　　　　　　　　　　　　　　電話　　(　　　　) 　　　　　　　　　　　　　　　　　　　　(　　　　　　　　方)
	フリガナ 氏 名	コウ ノ ジ ロウ 甲 野 二 郎	大正 昭和 ○○ 年 ○ 月 ○ 日生 平成 (○○ 歳)
	職 業	無 職

(注)　太枠の中だけ記入してください。
　※の部分は，申立人，法定代理人，成年被後見人となるべき者，不在者，共同相続人，被相続人等の区別を記入してください。

申　立　て　の　趣　旨
申立人が，不在者甲野二郎の財産管理人として，限定承認の申述について許可する旨の審判を求めます。

申　立　て　の　理　由
1　申立人は，不在者甲野二郎の財産管理人です。
2　不在者の父○○○○は令和○年○月○日に死亡しましたが、父には不動産や預貯金等の財産があるものの、債務もあり、その総額は不明確です。
3　現在、限定承認の申述を行うことを検討しており、他の相続人の同意は得ています。
4　よって、申立人は、申立ての趣旨のとおり、限定承認の申述について許可する旨の審判を求めます。

2　申述書提出後の手続

　家庭裁判所は、申述書一式が提出されると、申述人が相続人であることを確認し、申述が申述人の真意に基づいてなされたものであるか審理するため、申述人全員に回答書（後記資料1）を送付し、その内容を審理します。審理が終了すると申述人に限定承認申述受理通知書（後記資料2）が送付されます。相続人が複数いる場合、家庭裁判所は相続財産管理人（以下、「限定承認による相続財産管理人」といいます。）を選任しますので、限定承認申述受理通知書とは別にその旨の審判書（後記資料3）が送付されます。

【資料1　回答書例】

```
令和○年（家）第○○号　相続限定承認申述事件
申述人　○○○○　　　　　　　　　　　　　（被相続人　○○○○）
                    回　　答　　書
                            令和　　年　　月　　日
                住所（〒　　　　）
                    申述人（署名）　　　　　　　　㊞
                    電話
                    法定代理人（申述人が未成年の場合）
                    （署名）　　　　　　　　　　　㊞
 1　あなたの名前で当裁判所に限定承認の申述手続がなされていることを
知っていますか。
    □　知っている
        □　手続を自分自身で行った
        □　手続を（氏名　　　　　　　　　あなたとの関係　　　　　）
        に依頼した
    □　知らない
```

2　あなたは、被相続人の相続人になったことをいつ知りましたか。

　□　被相続人の死亡日

　□　被相続人の死亡後、令和　　　年　　　月　　　日

　　　□（氏名　　　　　　　）から被相続人が死亡したことを聞いた

　　　□先順位者が相続放棄したのを知った

　　　□被相続人の債権者（氏名　　　　　　　）から催告があった

　　　□その他（具体的に書いてください。）

3　被相続人の遺産について、分かる範囲で書いてください。

　　　宅地　　　筆、建物　　　棟、農地　　　筆、山林　　　筆

　　　現金　約　　　万円、預貯金　約　　　万円、負債　約　　　万円

　　　その他（　　　　　　　　　　　　　　）

4　相続の限定承認の申述は、あなたの真意に基づくものですか。

　□　そうです

　□　違います

5　あなたはどういう理由で相続の限定承認をするのですか。

6　その他参考になると思われる事項があれば書いてください。

【資料２　限定承認申述受理通知書】

相続の限定承認申述受理通知書

事　件　番　号　　　　令和○年（家）第○○号

申 述 人 氏 名　　　　〇〇〇〇

　　　　　　　　　　　〇〇〇〇

被 相 続 人 氏 名　　　〇〇〇〇

死 亡 年 月 日　　　　令和〇年〇月〇日

申述を受理した日　　　令和〇年〇月〇日

　　　あなたの申述は以上のとおり受理されましたので、通知します。

　　　なお、手続費用は申述人の負担とされました。

　　　　　　　　　　　　　令和〇年〇月〇日

　　　　　　　　　　　　　〇〇家庭裁判所

　　　　　　　　　　　　　裁判所書記官　〇〇〇〇　㊞

【資料3　審判書例】

令和〇年（家）第〇〇号

審　判

本籍　〇〇県〇〇市〇〇町〇番地

住所　〇〇県〇〇市〇〇町〇番地

　申述人　〇〇〇〇

本籍　〇〇県〇〇市〇〇町〇番地

住所　〇〇県〇〇市〇〇町〇番地

　申述人　〇〇〇〇

本　　　籍　〇〇県〇〇市〇〇町〇番地

　　最後の住所　○○県○○市○○町○番地
　　被相続人　○○○○
　　　　　　　令和○年○月○日死亡

　上記申述人からの当庁令和○年（家）第○○号限定承認の申述受理申立
事件について、当裁判所は、令和○年○月○日申述人らの申述を受理した
ので職権により次のとおり審判する。

主　文

　1　被相続人の相続財産管理人として申述人○○○○を選任する。
　2　手続費用は申述人らの負担とする。

　　　　　　　　　　　　　令和○年○月○日
　　　　　　　　　　　　　○○家庭裁判所
　　　　　　　　　　　　　　裁判官　　○○○○

　本書は謄本である。同日於同庁　　　　裁判所書記官　　○○○○　㊞

3　限定承認申述受理証明書

　限定承認申述受理証明書は、限定承認の申述を家庭裁判所が受理したことを
証明するものです。限定承認後に相続債権者等から限定承認したことの証明と
して提示や提出を求められることもあります。限定承認の申述が家庭裁判所に
受理されると、自動的に交付されるのではなく、限定承認をした者又は利害関
係人（後順位相続人、相続債権者等）が、申述を受理した家庭裁判所に交付請
求をすることで取得することができます。

　利害関係人が交付請求する場合は、限定承認者との間に利害関係があること
が判明する書類（後順位相続人の場合は、自身がそれらにあたることを証する
戸籍謄本、相続債権者の場合は、被相続人との間で締結した金銭消費貸借契約

書等）の提出を求められ、家庭裁判所が相当と認めたときに限定承認申述受理証明書が交付されることになります。申請費用は、証明書1通につき150円で、収入印紙により納めます。

【限定承認申述受理証明書】

相続の限定承認申述受理証明書

事　件　番　号　　令和○年（家）第○○号

申　述　人　氏　名　　○○○○
　　　　　　　　　　　○○○○

被　相　続　人　氏　名　　○○○○
本　　　　　籍　　○○県○○市○○町○番地
死　亡　年　月　日　　令和○年○月○日

申述を受理した日　　令和○年○月○日

　　上記のとおり証明する。

　　　　　　　　　　　令和○年○月○日
　　　　　　　　　　　○○家庭裁判所
　　　　　　　　　　　裁判所書記官　○○○○　㊞

4　申述の有無についての照会

利害関係人は、相続人が限定承認の申述をしているかどうかが不明な場合等

に被相続人の最後の住所地を管轄する家庭裁判所にその有無を照会することができます。限定承認の申述がなされていれば、その事件番号、受理年月日等が回答され、申述がなされていなければ、その旨の証明書が交付されます。照会の方法・申立書の様式は前述の相続放棄の申述の有無についての照会と同様です。

5　清算の手続

　限定承認の申述が受理されると、相続人が1人のときは、限定承認者が、相続人が複数いるときは、家庭裁判所が相続人の中から選任した限定承認による相続財産管理人が、相続人の捜索、相続財産の管理・清算をすることになります（民法926条1項、936条1項）。

　なお、限定承認による相続財産管理人が選任される場合、その相続財産管理人は、相続財産の管理及び債務の弁済に必要な一切の権限を取得し、他の相続人はその権限を失います（京都地判昭和44年1月29日判タ233号117頁）。

　限定承認者や限定承認による相続財産管理人は、前述の民法952条の相続財産管理人や民法918条2項の相続財産管理人とは異なり、家庭裁判所の監督下で職務を遂行するわけではありません。自らの判断で、事務を遂行していくことになります。そのため、限定承認者や限定承認による相続財産管理人は、それらの事務を司法書士や弁護士等の法律専門職に委任し、事務の遂行を任せることもできます。また、限定承認者又は限定承認による相続財産管理人は、家庭裁判所に対して前述の民法918条2項の相続財産管理人の選任の申立てをし、その選任された相続財産管理人に財産の管理や清算についての事務を任せることもできます。

(1)　債権者・受遺者に対する公告・催告

ア　除斥公告

　　清算のために相続債権者及び受遺者を確定する必要があるので、限定承認者は、限定承認をした後5日以内（限定承認による相続財産管理人が選任された場合は選任後10日以内）に、すべての相続債権者及び受遺

者に対し、限定承認をした旨及び2か月を下らない一定の期間内にその請求の申出をすべき旨を公告しなければなりません（民法927条1項、936条3項後段）。そして、この公告には、期間内に申出をしない債権者らは清算から除斥する旨を付記しなければなりません（民法927条2項）。

【官報公告文例（申述人が1人の場合）】

限定承認公告

　本　　籍　○○県○○市○○町○○番地、最後の住所本籍に同じ

　被相続人　亡○○○○

　右被相続人は令和○年○月○日死亡し、その相続人は令和○年○月○日○○家庭裁判所にて限定承認をしたから、一切の相続債権者及び受遺者は、本公告掲載の翌日から二箇月以内に請求の申し出をして下さい。右期間内にお申し出がないときは弁済から除斥します。

　令和○年○月○日

　　　　　　　○○県○○市○○町○番地

限定承認者　○○○○

※　実際の官報公告は縦書きです。

【官報公告文例（申述人が2人以上の場合＝相続財産管理人の選任がある場合）】

限定承認公告

　本　　籍　○○県○○市○○町○○番地、最後の住所本籍に同じ

　被相続人　亡○○○○

　右被相続人は令和○年○月○日死亡し、その相続人は令和○年○月○日○○家庭裁判所にて限定承認をしたから、一切の相続債権者及び受遺者は、本公告掲載の翌日から二箇月以内に請求の申し出をして下さい。右期間内にお申し出がないときは弁済から除斥します。

```
　令和○年○月○日
　　　　○○県○○市○○町○番地
相続財産管理人　　○○○○
```

　　　　　　　　　　　　　　※　実際の官報公告は縦書きです。

イ　知れたる債権者・受遺者への申出の催告

　　　知れたる債権者及び受遺者は、申出がなくても排斥されないため、各別に請求申出の催告をしなければなりません（民法927条2項3項）。

【個別催告書の文例（申述人が1人の場合)】

```
　　　　　　限定承認のご連絡（債権請求の申出の催告）
　　　　　　　　　　　　　　　　　　　　令和○年○月○日
債権者各位
　　　　　　　　　　住所　○○県○○市○町○番地
　　　　　　　　　　亡○○○○限定承認者○○○○
　　　　　　　　　　TEL○○－○○－○○　FAX○○－○○－○○


　　　　　被 相 続 人　　○○○○（平成○○年○月○日生）
　　　　　本　　　籍　　○○県○○市○町○番地
　　　　　最後の住所地　　○○県○○市○町○番地


　上記被相続人は、令和○年○月○日に死亡し、その相続人全員について令和○年○月○日○○家庭裁判所において相続の限定承認の申述が受理されました（○○家庭裁判所令和○年（家）第○○号）。
　つきましては、令和○年○月○日までに債権請求の申出をしてください。なお、債権の存在、内容、金額に関する資料等がございましたら、その写しをあわせてご送付ください。
```

【個別催告書の文例（申述人が2人以上の場合＝相続財産管理人の選任がある場合）】

限定承認のご連絡（債権請求の申出の催告）

令和〇年〇月〇日

債権者各位

　　　　　　　　　住所　　〇〇県〇〇市〇町〇番地

　　　　　　　　　亡〇〇〇〇相続財産管理人〇〇〇〇

　　　　　　　　　TEL〇〇－〇〇－〇〇　FAX〇〇－〇〇－〇〇

　　　　　被　相　続　人　　〇〇〇〇（平成〇〇年〇月〇日生）

　　　　　本　　　　　籍　　〇〇県〇〇市〇町〇番地

　　　　　最後の住所地　　　〇〇県〇〇市〇町〇番地

　上記被相続人は、令和〇年〇月〇日に死亡し、その相続人全員について令和〇年〇月〇日〇〇家庭裁判所において相続の限定承認の申述を受理され、同日付で私が上記被相続人の相続財産管理人に選任されました（〇〇家庭裁判所令和〇年（家）第〇〇号）。

　つきましては、令和〇年〇月〇日までに債権請求の申出をしてください。なお、債権の存在、内容、金額に関する資料等がございましたら、その写しをあわせてご送付ください。

⑵ **換　価**

ア　**意　義**

　　相続財産をもって弁済する場合、通常、相続財産を換価しますが、換価のため売却する必要が生じたときは、限定承認者又は限定承認による相続財産管理人は相続財産を競売に付さなければなりません（民法932条本文。実務上、競売の他に任意売却によることも認められています。）。

　しかし、相続人にその相続財産を取得させても、その公正な対価を弁済するのであれば相続債務の弁済に支障を生じることはないので、相続人が被相続人の遺産を承継することを希望するときは、限定承認をした家庭裁判所に鑑定人の選任の申立て（申立書例は後記資料１）をし、その鑑定人の評価した価額を弁済して競売を止めて、相続財産の全部又は一部を取得することができます（同条ただし書。）。これを先買権といいます。

　なお、この手続によって止めることができる競売は、民法932条本文の規定に基づく競売に限られ、抵当権等の担保権実行による競売を止めることはできないとされています（大決昭和15年8月10日民集19巻17号1456頁）。

イ　不動産への先買権の行使

　被相続人の相続財産である不動産について先買権を行使する前提として、前述の鑑定人の選任申立てに加えて、法定相続分割合による相続登記（相続人が1人の場合は、その相続人への相続を登記原因とする所有権移転登記）をする必要があります。限定承認は、相続債務を支払う限度が積極財産に制限されるだけで、相続人は、単純承認の場合と同様に相続財産を承継するためです。

　なお、共同相続人全員で遺産分割協議をして法定相続分割合と異なる相続登記を行うことは、民法921条1号の法定単純承認事由にあたるので、必ず保存行為として法定相続分割合で登記をします（相続登記申請書例及び登記記録例は後記資料２）。家庭裁判所から選任された鑑定人が不動産の鑑定を行い、鑑定評価額が提示され、先買権を行使する相続人がその鑑定評価額以上の金銭を固有財産から支出して、その金銭を不動産の引き当てになる相続財産とすることによって（相続財産管理人がいる場合は、相続財産管理人にその金銭を交付することによって）、先買権を行使した不動産を取得します。鑑定価額が、相続人が意図した価額より高額となったときは、先買権を行使した相続人は、その行使を中止す

ることができます。

ウ　先買権行使による不動産登記

　　不動産に先買権が行使された場合の不動産登記については、相続人が
1人の場合又は相続人が複数いてその全員が法定相続分割合に従った先
買権を行使した場合は、前述の相続登記によって既に登記記録上先買権
の行使後の所有権の登記名義が反映されているため、後述の「民法932
条ただし書きの価額弁済」を登記原因とする持分移転登記の申請をする
必要がなく、登記記録には限定承認したことや先買権を行使したことは
記録されません。

　　一方、相続人が複数いて法定相続分割合とは異なる先買権を行使した
場合（例えば、相続人の1人のみが先買権を行使し、その不動産を取得
するとした場合）は、先買権行使によって不動産を取得する相続人に対
して、「民法932条ただし書きの価額弁済」を登記原因とする持分移転を
する必要があります。

　　なお、この登記申請人については、①限定承認による相続財産管理人
が登記権利者及び登記義務者双方の法定代理人として申請する見解と、
②登記権利者及び登記義務者が共同申請する見解があり、見解が統一さ
れていないようなので、申請先の法務局に確認が必要となります（登記
申請書例と登記記録例は後記資料3）。

【資料１　鑑定人の選任申立書例】

受付印	家事審判申立書　事件名（　鑑定人の選任　）
	（この欄に申立て１件あたり収入印紙８００円分を貼ってください。）
収入印紙　　　　　円 予納郵便切手　　　円	印 紙　　　　　　　　　（貼った印紙に押印しないでください。）

東　京　家庭裁判所 御中 令和　〇〇年　〇　月　〇　日	申　立　人 （又は法定代理人など） の記名押印	甲　野　　一　郎　　㊞

添付書類	（審理のために必要な場合は，追加書類の提出をお願いすることがあります。） 財産目録	準　口　頭

申 立 人	本　籍 （国　籍）	（戸籍の添付が必要とされていない申立ての場合は，記入する必要はありません。） 〇〇 都道 　　府 (県) 〇〇 市 〇〇 町 〇 番地	
	住　所	〒 〇〇〇 － 〇〇〇〇 東京都 〇〇 区 ××× 〇丁目〇番〇号 ハイツ〇〇　　〇〇〇 号 　　　　　　　　　　　　（　　　　方）	
	フリガナ 氏　名	コウ ノ　イチ ロウ 甲　野　一　郎	昭和 (平成) 〇 年 〇 月 〇 日生 （　　　〇〇　　歳）
被 相 続 人	本　籍 （国　籍）	（戸籍の添付が必要とされていない申立ての場合は，記入する必要はありません。） 〇〇 都道 　　府 (県) 〇〇 市 〇〇 町 〇 番地	
	住　所	〒 〇〇〇 － 〇〇〇〇 東京都 〇〇 区 ××× 〇丁目〇番〇号　　　　　　　（　　　　方）	
	フリガナ 氏　名	コウ ノ　ハナ コ 甲　野　花　子	昭和 (平成) 〇 年 〇 月 〇 日生 （　　　〇〇　　歳）

（注）太枠の中だけ記入してください。

申　　立　　て　　の　　趣　　旨
別紙物件目録記載の相続財産の価額を評価する鑑定人の選任を求めます。

申　　立　　て　　の　　理　　由
1　申立人は、被相続人の長男であり、被相続人の相続を限定承認して相続財産管理人に選任されたものです。
2　被相続人の遺産財産の中には、別紙物件目録記載の不動産がありますが、申立人としては、上記不動産が他人の所有物になることは忍びがたく、申立人が同不動産の価額相当額を相続債権者に弁済して、同不動産を取得したいので、同不動産の価額を評価する鑑定人の選任を求めます。
3　鑑定人の候補者は次のとおりです。
住所　東京都〇〇区〇町〇番地
事務所　東京都〇〇区〇町〇番〇号　〇〇不動産鑑定事務所
氏名　〇〇〇〇
職業　不動産鑑定士
電話　〇〇－〇〇〇〇－〇〇〇〇

※目録の記載は省略します。

【資料2　法定相続分による相続登記申請書例及び登記記録例】

（登記申請書）

登 記 申 請 書

登記の目的　　所有権移転

原　　　因　　令和〇年〇月〇日　相続

相　続　人　　（被相続人　A）

　　　　　　　（住所）　持分2分の1　B

　　　　　　　（住所）　持分2分の1　C

添 付 書 類　　登記原因証明情報（特例）

　　　　　　　住所証明情報（特例）

　　　　　　　代理権限証明情報（特例）

令和〇年〇月〇日申請　〇〇法務局

代　理　人　　　　（住所）司法書士　甲

　　　　　　　電話番号　〇〇〇－〇〇〇〇－〇〇〇〇

課 税 価 格　　金1,000万円

登録免許税　　金4万円

不動産の表示

　　所　　　　　在　　〇市〇町〇番地

　　家 屋 番 号　　〇番

　　種　　　　　類　　居宅

　　構　　　　　造　　木造瓦葺2階建

　　床 　面 　積　　1階　〇〇.〇〇㎡

　　　　　　　　　　2階　〇〇.〇〇㎡

　　　　　　　　　　　価格　金1,000万円

（登記記録（甲区）例）

順位番号	登記の目的	受付年月日・受付番号	権利者その他の事項
○番	所有権移転	平成年月日受付第○号	原因　平成○○年○月○日売買 所有者　（住所）　A
△番	所有権移転	令和年月日受付第○号	原因　令和○年○月○日　相続 相続人（住所）持分2分の1　B （住所）持分2分の1　C

【資料3　民法932条ただし書きの価額弁済による持分移転登記申請書例、登記原因証明情報例及び登記記録例】

（申請書例…登記権利者と登記義務者の共同申請の場合）

```
　　　　　　　　登　記　申　請　書
登記の目的　　　C持分全部移転
原　　　因　　　令和○年○月○日民法932条ただし書きの価額弁済
権　利　者　　（住所）　持分2分の1　　B
義　務　者　　（住所）　　　C
添　付　書　類
　（以下、省略）
```

（登記原因証明情報例）

```
　　　　　　登　記　原　因　証　明　情　報

　1．登記申請情報の要綱
⑴登記の目的　　　C持分全部移転
⑵登記の原因　　　令和○年○月○日　民法第932条ただし書の価額弁済
⑶当　事　者
　　　　　　権利者　（住所）　持分2分の1　　B
　　　　　　義務者　（住所）　　　C
```

⑷不　動　産　　　後記のとおり

2．登記の原因となる事実又は法律行為

⑴令和○年○月○日、Aは死亡した。

⑵令和○年○月○日、B、Cは、○○家庭裁判所に相続の限定承認の申述
　をし、受理され、相続財産管理人としてBが選任された。

⑶相続財産管理人Bは、民法927条の公告をした。

⑷鑑定人が選任され、本件不動産の鑑定評価額は○○○○万円に決定した。

⑸令和○年○月○日、Bから相続財産管理人であるBに民法932条ただし
　書の価額弁済金○○万円が支払われた。

⑹よって、法定相続登記を経由して、令和○年○月○日民法932条ただし
　書の価額弁済を原因として、C持分全部がBに移転した。

　　　令和○年○月○日　　○○法務局　御中

上記登記原因に相違ありません。

　　　登記権利者　　（住所）B　　㊞
　　　登記義務者　　（住所）C　　㊞

不動産の表示
　　　所　　　　　在　　○市○町○番地
　　　家　屋　番　号　　○番
　　　種　　　　　類　　居宅
　　　構　　　　　造　　木造瓦葺2階建
　　　床　面　積　　　　1階　　○○．○○㎡
　　　　　　　　　　　　2階　　○○．○○㎡

（登記記録（甲区）例）

順位番号	登記の目的	受付年月日・受付番号	権利者その他の事項
○番	所有権移転	平成年月日受付第○号	原因　平成○○年○月○日売買 所有者　　（住所）　　A
△番	所有権移転	令和年月日受付第○号	原因　令和○年○月○日　相続 相続人（住所）持分2分の1　　B 　　　（住所）持分2分の1　　C
□番	C持分全部 移転	令和年月日受付第○号	原因　令和○年○月○日民法9 3 　2条ただし書きの価額弁済 所有者（住所）持分2分の1　　B

エ　任意売却

　　限定承認者又は限定承認による相続財産管理人が、相続財産を換価する方法は、原則として競売によりますが（民法932条本文）、前述の相続人の先買権の行使に加え、実務上は、任意売却による方法もとられています。限定承認後の任意売却は、限定承認前の処分行為を単純承認とみなす民法921条1号の「処分」にはあたりませんし、相続債権者及び受遺者に不利益な売却にならない限り、私に相続財産を消費したことにならないので、同条3号の単純承認事由にもあたりません。

　　任意売却をすることは、換価方法を競売によると定めた民法932条本文に違反することになりますが、売却の効力自体は有効で、その売却により相続債権者及び受遺者に損害が生じたときに、限定承認者又は限定承認による相続財産管理人は不法行為に基づく損害賠償責任を負うにとどまります。

　　不動産を任意売却するときの登記手続は、まず、法定相続人全員によって相続を原因とする法定相続分の割合による所有権移転登記をした後で、その相続人全員が登記義務者、買主が登記権利者として売買による所有権移転登記をします。なお、この売買による所有権移転登記については、限定承認による相続財産管理人の権限外の行為にあたります（平成8年3月22日民三第598号民事局第三課長通知）。

⑶ 相続財産に関する費用の支払い

　相続財産に関する費用は、限定承認者又は限定承認による相続財産管理人が被相続人の相続財産から支払うことになります（民法885条本文）。

　相続財産の管理費用（固定資産税、地震保険料や火災保険料等）のみでなく、⑴の公告費用、条件付債権の弁済のための鑑定費用等も、相続財産に関する費用に含まれます。なお、先買権の行使のための鑑定費用はその権利行使者の利益のための費用なので含まれません。

⑷ 弁　済

ア　意　義

　限定承認者又は限定承認による相続財産管理人は、弁済期が到来した債権であっても、⑴アの公告期間満了まで弁済を拒むことができますが（民法928条）、期間満了後は下記①から④の順序で弁済しなければなりません。弁済にあてられる相続財産は、相続が開始したときに被相続人の財産に属した一切の権利（一身専属的な権利を除く。）と相続が開始した後に相続財産から生じた果実等（相続開始後に被相続人名義の不動産から生じた賃料債権（大判大正3年3月25日民録20輯230頁）、相続開始後に被相続人名義の株式から生じた利益配当請求権（大判大正4年3月8日民録21輯289頁）、相続開始後も継続して相続財産である土地を不法占拠されたことによる損害賠償請求権（東京地判昭和47年7月22日判時686号65頁））が、相続債務の引き当てになるとされています。

〈弁済の順序〉

①　先取特権や抵当権等の優先権をもつ債権者（民法929条ただし書）

②　公告・催告の期間内に申出があり、又は、知れている一般債権者（民法929条本文）。弁済期未到来債権、条件付債権、相続期間不確定債権も弁済しなければなりません（民法930条）。

③　公告・催告の期間内に申出があり、又は、知れている受遺者（民法931条）

④　さらに、残余財産があれば、申出をせず、又は、知れなかった債権者

　　　　及び受遺者。ただし、相続財産に特別担保（民法311条、325条、342条、

　　　　369条）を有する債権者は優先弁済権があります（民法935条）。

　なお、残余の相続財産が上記同順位の者すべての債権を弁済するのに不足する

ときは、債権額の割合に応じて配当弁済することになります。

　イ　条件付債権の評価

　　　　限定承認者又は相続財産管理人は、相続債務の清算手続において、一

　　　定の条件成就によって発生又は消滅する条件（停止条件・解除条件）付

　　　債権や終身定期金債権のような存続期間の不確定な債権について、それ

　　　らの条件成就や終期の確定を待たずに、家庭裁判所の選任する鑑定人の

　　　評価に従って弁済しなければなりません（民法930条2項、936条3項）。

　　　条件付債権の評価について公正を担保するためのもので、家庭裁判所が

　　　選任した鑑定人によって、公平な評価がされることになります。

【鑑定人の選任申立書例】

受付印		
	家事審判申立書　事件名（　鑑定人の選任　）	

（この欄に申立て1件あたり収入印紙800円分を貼ってください。）

```
印
紙
```
（貼った印紙に押印しないでください。）

収入印紙	円
予納郵便切手	円

東 京 家庭裁判所 御 中 令和 〇〇年 〇 月 〇 日	申 立 人 （又は法定代理人など） の 記 名 押 印	**甲 野 一 郎** 印

添付書類	（審理のために必要な場合は，追加書類の提出をお願いすることがあります。） 財産目録	準 口 頭

申 立 人	本 籍 （国 籍）	（戸籍の添付が必要とされていない申立ての場合は，記入する必要はありません。） 〇〇 都 道 　　 府 県　〇〇 **市** 〇〇 **町** 〇 **番地**	
	住 所	〒 〇〇〇 － 〇〇〇〇 **東京都** 〇〇 **区** ××× 〇丁目〇番〇号 **ハイツ**〇〇　〇〇〇 **号** （　　　　　方）	
	フリガナ 氏 名	コ ウ ノ　イ チ ロ ウ **甲 野 一 郎**	昭和 平成 〇 年 〇 月 〇 日生 （　　〇〇　　歳）
被 相 続 人	本 籍 （国 籍）	（戸籍の添付が必要とされていない申立ての場合は，記入する必要はありません。） 〇〇 都 道 　　 府 県　〇〇 **市** 〇〇 **町** 〇 **番地**	
	住 所	〒 〇〇〇 － 〇〇〇〇 **東京都** 〇〇 **区** ××× 〇丁目〇番〇号　　　　　（　　　　方）	
	フリガナ 氏 名	コ ウ ノ　ハ ナ コ **甲 野 花 子**	昭和 平成 〇 年 〇 月 〇 日生 （　　〇〇　　歳）

（注）太枠の中だけ記入してください。

申　　立　　て　　の　　趣　　旨
別紙目録記載の条件付債権を評価する鑑定人の選任を求めます。

申　　立　　て　　の　　理　　由
1　申立人は、被相続人の長男であり、被相続人の相続を限定承認して相続財産管理人に選任されたものです。
2　被相続人の遺産財産の中には、別紙目録記載の条件付債権があるので、その弁済額の確定のため、同条件付債権を評価する鑑定人の選任を求めます。
3　鑑定人の候補者は次のとおりです。
住所　東京都〇〇区〇町〇番地
事務所　東京都〇〇区〇町〇番〇号　〇〇会計事務所
氏名　〇〇〇〇
職業　公認会計士
電話　〇〇-〇〇〇〇-〇〇〇〇

※目録の記載は省略します。

ウ　弁済手続が完了した後に現れた債権者

　　弁済手続が完了して限定承認の手続が終了した後に、残余財産がある
ときは、その残余財産は、限定承認をした者の固有財産と混合すること
になります。(1)アの公告期間に申出がない債権者が除斥されるのは、あ
くまでも、限定承認による弁済手続から除斥されるということで、その
債権者が有する債権（被相続人の債務）が消滅するわけではありません。

　　そのため、限定承認の手続が終了した後で債権者が現れたときは、相
続人は残余財産を限度にその債務を弁済する必要があるので、相続人は
そのような債権者が現れることに備えて限定承認の手続が終了して、自
己の固有財産と混合を生じる前に残余財産の目録を作成しておくことが
望ましいといえます。

6　みなし譲渡所得税

　みなし譲渡所得税とは、相続が開始したときに時価で譲渡したものとみなし
て、資産の値上がり益に対して課税される譲渡所得税のことで、限定承認に適
用されます（所得税法59条1項1号）。みなし譲渡所得税は、相続人が負担す
ることはなく、被相続人の債務として限定承認の手続の中で他の債務と併せて
清算されることになります。

7　財産分離

(1)　意　義

　　相続が開始し、相続人が被相続人の相続財産を承継すると、相続財産と
相続人の固有財産とは混合します。相続人の固有財産が債務超過の状態で
あるときは、相続債権者、受遺者及び相続人固有の債権者は、十分な弁済
を受けられず不利益を被るおそれがあります。財産分離は、相続開始後に、
相続債権者、受遺者及び相続人固有の債権者の請求によって、相続財産を
相続人の固有財産から分離して管理・清算する制度です。

　　相続人としては、相続債権者及び受遺者との関係では、相続を単純承認

するか、限定承認あるいは相続放棄するかの選択をすることで、自己の利害を守ることができます。財産分離は、公平の見地により、相続債権者、受遺者及び相続人固有の債権者が自己の意思で利益を守る制度として位置づけられています。

　財産分離には、相続債権者又は受遺者の請求による第一種の財産分離と相続人固有の債権者の請求による第二種財産分離があります。

(2)　**請求権者**

　第一種の財産分離の請求権者は、相続債権者及び受遺者です（民法941条1項）。一方、第二種の財産分離の請求権者は、相続人固有の債権者です（民法950条1項）。

(3)　**請求期間**

　第一種の財産分離においては、相続債権者又は受遺者は、相続開始のときから3か月以内に、相続人の財産から相続財産を分離することを被相続人の最後の住所地を管轄する家庭裁判所に請求することができます（民法941条1項。申立書例は後記資料1）。相続財産が相続人の固有財産と混合しない間は、相続開始のときから3か月経過しても同様の請求をすることができます（同項）。

　また、第二種の財産分離においては、相続人が限定承認をすることができる間又は相続財産が相続人の固有財産と混合しない間は、相続人固有の債権者は、被相続人の最後の住所地を管轄する家庭裁判所に対して財産分離の請求をすることができます（民法950条1項。申立書例は後記資料2）。「限定承認をすることができる間」というのは、相続の選択についての熟慮期間を意味しますので、伸長されることもあります。

(4)　**財産分離を命じる基準**

　家庭裁判所は、その請求によって、「相続人がその固有財産について債務超過の状態にありまたはそのような状態に陥るおそれがあることなどから、相続財産と相続人の固有財産とが混合することによって相続債権者または受遺者がその債権の全部または一部の弁済を受けることが困難となる

おそれがあると認められる場合」に、財産分離を命じます（最決平成29年11月28日判時2359号10頁）。

(5)　債権申出の公告・催告

　第一種の財産分離においては、家庭裁判所が、財産分離を命じたときは、その請求をした者は、5日以内に、他の相続債権者及び受遺者に対し、財産分離の命令があったこと及び2か月を下らない一定の期間内に、配当加入の申出をすべき旨を官報に公告しなければなりません（民法941条2項3項）。知れたる相続債権者及び受遺者に対して申出を個別に催告をする必要はなく、また、知れたる相続債権者及び受遺者であっても公告で示した期間内に申出をしなければ、財産分離における清算から除斥されます（民法947条2項）。

　また、第二種の財産管理においては、家庭裁判所が、財産分離を命じたときは、その請求をした者は、5日以内に、すべての相続債権者及び受遺者に対し、財産分離の命令があったこと及び2か月を下らない一定の期間内に、配当加入の申出をすべき旨を官報に公告をしなければなりません（民法950条2項の準用する同法927条1項、2項本文、4項）。

　ただし、第一種の財産分離の公告と異なり、その公告には、相続債権者及び受遺者がその期間内に申出をしないときは弁済から除斥されるべき旨を付記しなければなりません（民法950条2項の準用する同法927条2項本文）。知れたる相続債権者及び受遺者に対して申出を個別に催告をする必要があり（民法950条2項の準用する同法927条3項）、また申出がなくても知れている相続債権者及び受遺者を除斥することができません（民法950条2項の準用する同法927条2項ただし書）。

(6)　財産分離後の財産管理

　相続人は、単純承認をした後でも、財産分離の請求があったときは、以後、その固有財産におけるのと同一の注意をもって、相続財産の管理をしなければなりません（民法944条1項本文）。

　また、家庭裁判所は、相続財産管理人を選任し、相続財産の管理につい

て必要な処分を命じることができます（民法943条1項）。

(7)　効　果

　第一種の財産分離においては、財産分離の請求をした者及び前述の公告で定めた期間内に配当加入の申出をした者は、相続財産について、相続人の債権者に先立って弁済を受けることができます（民法942条）。

　弁済の時期は前述の公告で定めた期間の満了後です。相続人は、その期間の満了前には、相続債権者及び受遺者に対して弁済を拒むことができます（民法947条1項）。

　弁済を受けることができるのは、財産分離の請求又は配当加入の申出をした相続債権者及び受遺者で、それぞれその債権額の割合に応じて弁済を受けることができます（民法947条2項本文）。ただし、優先権を有する債権者の権利を害することはできません（同項ただし書）。

　相続人は、弁済期に至らない債権であっても、弁済をしなければならず（民法947条3項の準用する同法930条1項）、条件付きの債権又は存続期間の不確定な債権は、家庭裁判所が選任した鑑定人の評価に従って弁済をしなければなりません（民法947条3項の準用する同法930条2項）。また、相続人は、相続債権者に弁済をした後でなければ、受遺者に弁済をすることができません（民法947条3項の準用する同法931条）。さらに弁済のために相続財産の換価が必要なときは、原則的に競売によって行うものとし、例外的に家庭裁判所が選任した鑑定人の評価に従い相続財産の全部又は一部の価額を弁済することによって行うことができます（民法947条3項の準用する同法932条）。

　財産分離の請求をした者及び配当加入の申出をした者は、相続財産をもって全部の弁済を受けることができなかった場合に限り、相続人の固有財産についてその権利を行使することができ、この場合においては、相続人の債権者は、その者に先立って弁済を受けることができます（民法948条）。

　また、第二種の財産分離においては、その効力について規定する民法950条2項本文は、民法304条、925条、927条から934条まで、943条から

945条まで及び948条の規定を準用しているため、第二種の財産分離の効果も第一種の財産分離と実質的にほとんど同じであるといえます。

(8)　限定承認との関係

　財産分離は、その手続について限定承認に関する規定を多く準用しています。財産分離と限定承認は、手続面では類似点が多いですが、財産分離は、相続債権者、受遺者及び相続人固有の債権者に自己の意思で利益を守ることを実現させる制度であり、限定承認は、相続人に自己の意思で利益を守ることを実現させる制度です。

　また、財産分離は、相続財産によって相続債務を弁済することができないときは、相続人が固有財産によって残債務を弁済する責任がある点で、責任を相続財産に制限する限定承認とは異なります。

【資料1　第一種の財産分離審判申立書例】

<table>
<tr><td colspan="2" rowspan="3">受付印</td><td colspan="2">家事審判申立書　事件名（　第一種相続財産分離　）</td></tr>
<tr><td colspan="2">（この欄に申立て1件あたり収入印紙800円分を貼ってください。）</td></tr>
<tr><td colspan="2">印
紙

（貼った印紙に押印しないでください。）</td></tr>
<tr><td>収入印紙</td><td>円</td><td colspan="2"></td></tr>
<tr><td>予納郵便切手</td><td>円</td><td colspan="2"></td></tr>
</table>

<table>
<tr><td>東京 家 庭 裁 判 所
御 中
令和 〇〇年 〇 月 〇 日</td><td>申　立　人
（又は法定代理人など）
の 記 名 押 印</td><td>○○株式会社
代表者代表取締役
　　乙　野　一　郎　㊞</td></tr>
</table>

<table>
<tr><td rowspan="2">添 付 書 類</td><td>（審理のために必要な場合は，追加書類の提出をお願いすることがあります。）</td><td rowspan="2">準 口頭</td></tr>
<tr><td>申立会社の商業登記簿謄本、被相続人及び相続人の戸籍謄本、契約書写し、遺産目録</td></tr>
</table>

<table>
<tr><td rowspan="3">申
立
人</td><td>本　籍
（国　籍）</td><td colspan="2">（戸籍の添付が必要とされていない申立ての場合は，記入する必要はありません。）
　　都　道
　　府　県</td></tr>
<tr><td>住　所</td><td colspan="2">〒 〇〇〇 － 〇〇〇〇
東京都 〇〇 区 ××× 〇丁目〇番〇号 ハイツ〇〇　〇〇〇 号
（　　　　方）</td></tr>
<tr><td>フリガナ
氏　名</td><td>○○カブシキカイシャ　代表者代表取締役
○○株式会社　乙　野　一　郎</td><td>昭和
平成 〇 年 〇 月 〇 日生
（　　〇〇　　歳）</td></tr>
<tr><td rowspan="3">被
相
続
人</td><td>本　籍
（国　籍）</td><td colspan="2">（戸籍の添付が必要とされていない申立ての場合は，記入する必要はありません。）
○○ 都 道 ○○ 市 ○○ 町 ○ 番地
　　府 県</td></tr>
<tr><td>住　所</td><td colspan="2">〒 〇〇〇 － 〇〇〇〇
東京都 〇〇 区 ××× 〇丁目〇番〇号
（　　　　方）</td></tr>
<tr><td>フリガナ
氏　名</td><td>コウノ　ハナ　コ
甲　野　花　子</td><td>昭和
平成 〇 年 〇 月 〇 日生
（　　〇〇　　歳）</td></tr>
<tr><td rowspan="3">相
続
人</td><td>本　籍
（国　籍）</td><td colspan="2">（戸籍の添付が必要とされていない申立ての場合は，記入する必要はありません。）
○○ 都 道 ○○ 市 ○○ 町 ○ 番地
　　府 県</td></tr>
<tr><td>住　所</td><td colspan="2">〒 〇〇〇 － 〇〇〇〇
東京都 〇〇 区 ××× 〇丁目〇番〇号
（　　　　方）</td></tr>
<tr><td>フリガナ
氏　名</td><td>コウノ　イチ　ロウ
甲　野　一　郎</td><td>昭和
平成 〇 年 〇〇 日生
（　　〇〇　　歳）</td></tr>
</table>

（注）太枠の中だけ記入してください。

申　　立　　て　　の　　趣　　旨
相続人の財産から被相続人の相続財産を分離するとの審判を求めます。

申　　立　　て　　の　　理　　由
1　被相続人は、令和〇年〇月〇日死亡し、相続人甲野一郎は、唯一の相続人です。
2　申立会社は被相続人に対し、令和〇年〇月〇日死亡、債権〇〇万円を有し、
その弁済期は既に到来していますが、未だ支払いを受けていません。
3　相続人は、自身の固有財産が債務超過の状況にあり、その固有財産と相続財産
が混合した場合は、申立会社は不測の損害を受けるおそれがあります。
4　よって、申立ての趣旨のとおりの審判を求めます。

※遺産目録の記載は省略します。

【資料2　第二種の財産分離審判申立書例】

受付印	家事審判申立書　事件名（　第二種相続財産分離　）
	（この欄に申立て1件あたり収入印紙800円分を貼ってください。）
	印 紙
	（貼った印紙に押印しないでください。）

収入印紙	円
予納郵便切手	円

東京　家庭裁判所 御中 令和　○○年　○月　○日	申　立　人 （又は法定代理人など） の記名押印	乙野　一郎　印

添付書類	（審理のために必要な場合は、追加書類の提出をお願いすることがあります。） 被相続人及び相続人の戸籍謄本、契約書写し、遺産目録	準　口頭

申 立 人	本　籍 （国　籍）	（戸籍の添付が必要とされていない申立ての場合は、記入する必要はありません。） 　　都　道 　　府　県	
	住　所	〒 ○○○ － ○○○○ 東京都 ○○ 区 ××× ○丁目○番○号 ハイツ○○　○○○ 号 （　　　　　　方）	
	フリガナ 氏　名	オツ ノ　イチ ロウ 乙 野　一 郎	昭和 平成 ○ 年 ○ 月 ○ 日生 （　　○○　歳）
被 相 続 人	本　籍 （国　籍）	（戸籍の添付が必要とされていない申立ての場合は、記入する必要はありません。） ○○ 都 道　○○ 市 ○○ 町 ○ 番地 　　府 県	
	住　所	〒 ○○○ － ○○○○ 東京都 ○○ 区 ××× ○丁目○番○号　　　　（　　　方）	
	フリガナ 氏　名	コ ウ ノ　ハ ナ コ 甲 野　花 子	昭和 平成 ○ 年 ○ 月 ○ 日生 （　　○○　歳）
相 続 人	本　籍 （国　籍）	（戸籍の添付が必要とされていない申立ての場合は、記入する必要はありません。） ○○ 都 道　○○ 市 ○○ 町 ○ 番地 　　府 県	
	住　所	〒 ○○○ － ○○○○ 東京都 ○○ 区 ××× ○丁目○番○号　　　　（　　　方）	
	フリガナ 氏　名	コ ウ ノ　イチ ロウ 甲 野　一 郎	昭和 平成 ○ 年 ○○ ○ 日生 （　　○○　歳）

（注）太枠の中だけ記入してください。

申　立　て　の　趣　旨
相続人の財産から被相続人の相続財産を分離するとの審判を求めます。

申　立　て　の　理　由
1　被相続人は、令和〇年〇月〇日死亡し、相続人甲野一郎は、唯一の相続人です。
2　申立人は、相続人に対し、令和〇年〇月〇日現在、債権〇〇万円を有し、
その弁済期は既に到来していますが、未だ支払いを受けていません。
3　被相続人の相続財産が債務超過の状況にあり、相続人の固有財産と相続財産が
混合した場合は、申立人は不測の損害を受けるおそれがあります。
4　よって、申立ての趣旨のとおりの審判を求めます。

※遺産目録の記載は省略します。

8　相続財産の破産

(1)　意　義

　　被相続人の相続財産が債務超過であることが明らかなときは、①相続債権者又は受遺者のほか、②相続人（複数いるときはその１人から申立てることができます（破産法237条２項）。）、③相続財産管理人又は遺言執行者（相続財産の管理に必要な行為をする権利を有する遺言執行者に限ります。）は、相続財産について、破産手続開始の申立てをすることができます（破産法224条１項。①の者が申立人になるときは、債権の存在及び相続財産の破産手続開始の原因となる事実、②③の者が申立人になるときは、相続財産の破産手続開始の原因となる事実を疎明する必要があります（同条２項１号２号））。

(2)　申立期間・管轄

　　相続財産の破産は、原則的に、被相続人の最後の住所地を管轄する地方裁判所に対して（破産法222条２項）、財産分離の請求をすることができる間に限り、申立てることができます（破産法225条本文）。ただし、限定承認又は財産分離があったときは、相続債権者及び受遺者に対する弁済が完了するまでの間も、相続財産の破産の申立てをすることができます（同条ただし書）。

　　この相続財産についての破産手続開始の決定がなされても、限定承認又は財産分離をすることは妨げられませんが（破産法228条本文）、破産手続開始決定の取消し若しくは破産手続廃止の決定が確定し、又は破産手続終結の決定があるまでの間は、限定承認又は財産分離の手続は、中止されます（同条ただし書）。

(3)　破産管財人による管理・清算

　　相続財産の破産においては、破産手続開始決定と同時に破産管財人が選任され（破産法31条１項）、相続財産に属する一切の財産（日本国内にあるかどうかを問わない。）は、破産財団を構成し（同法229条１項）、その

管理処分権は、破産管財人に専属します（同法78条1項）。破産管財人は、この管理処分権に基づいて、善管注意義務をもって、相続財産を管理・処分し、清算を行います（同法85条1項）。破産手続においては、破産管財人から相続債権者又は受遺者に対して、任意に弁済することは禁止される等、裁判所の監督のもと、厳格な清算手続がなされます。

　破産手続の目的は、破産債権者に対する配当の実施なので、破産管財人は、破産財団に属する相続財産を任意売却や競売によって換価し、配当財団を形成します。相続債権者の債権は、受遺者の債権に優先し（破産法231条2項）、その上で、破産債権の優先劣後の規定（同法98条、99条）により配当弁済を受けます。

(4)　**公告・通知**

　相続財産の破産においては、破産手続開始決定と同時に債権届出期間（原則として、破産手続開始決定の日から2週間以上4月以下の期間（破産規則20条1項1号））等が裁判所によって定められ、官報によって公告されます（破産法32条1項、10条1項）。また、公告すべき事項は、破産管財人、知れている相続債権者及び受遺者等に通知されます（同法32条3項）。破産配当に加わりたい相続債権者及び受遺者は、債権届出期間内に自己の債権を裁判所に届け出なければなりません（同法111条1項）。

(5)　**裁判所の関与**

　相続財産の破産においては、裁判所は、①破産手続の開始・廃止についての決定（破産法30条1項、15条1項、216条1項、217条1項、218条1項、220条1項等）、②破産債権の査定についての決定（同法125条）及びその裁判に対する異議の訴えについての決定（同法126条）、③否認権行使の訴え及び否認の請求事件についての裁判（同法173条2項、同法174条）及びその裁判に対する異議の訴えについての裁判（同法175条）、④破産管財人の選任（同法74条1項）及び監督（同法75条1項）、⑤債権者集会の召集（同法135条1項）及び指揮（同法137条）、⑥相続債権者及び受遺者からの破産債権の届出の受理（同法111条）、⑦破産債権の調査期日におけ

る調査（同法121条、122条）等、破産手続について積極的に関与する仕組みとなっています。

(6)　限定承認との関係

　　相続財産の破産は、裁判所の監督のもと、簡易的な清算手続である限定承認と比べて、厳格な清算手続が行われます。両者の使い分けは、資産の負債の額、権利関係の複雑性等を基準に判断することになりますが、相続財産の破産には、限定承認のように相続債務の責任を相続財産に限定する効果が認められていません。

　　相続財産の破産手続において満足を得ることができなかった相続債権者又は受遺者は、相続人の固有財産に権利行使することができるため、相続財産の破産に加えて、限定承認の申述を検討すべきケースも多いと思われます。

9　限定承認の取消し

　相続人は、いったん限定承認が受理されると熟慮期間内でも、これを撤回することができません（民法919条1項）。しかし、相続放棄と同様に、民法919条2項に定める取消原因があるときは、被相続人の最後の住所地を管轄する家庭裁判所に申述することで取消すことができます。同項の規定は、「前項の規定は、第一編（総則）及び前編（親族）の規定により相続の承認又は放棄の取消しをすることを妨げない。」と規定していますが、具体的には、詐欺又は強迫により限定承認をした場合（民法96条）、未成年者が法定代理人の同意を得ないで限定承認をした場合（民法120条）、成年後見監督人があるにもかかわらず、成年後見人が成年後見監督人の同意を得ないで成年被後見人に代わって限定承認をした場合（民法864条、865条）等が該当します。

　この取消権は、追認をすることができる時（詐欺の場合は詐欺であることを知った時、強迫の場合は強迫であることを知った時、成年被後見人の場合は成年被後見人が能力を回復して限定承認をしたことを知った時）から6か月間行使しないときは時効により消滅します（民法919条3項）。また、限定承認の時

から10年を経過したときも、時効により消滅します（同項）。

　なお、限定承認は、相続人が複数いる場合、共同相続人全員で申述する必要がありますが、この取消しの申述については、取消原因のある相続人のみが申述人になります。

【限定承認取消しの申述書例】

受付印	家事審判申立書　事件名（　相続の限定承認取消し　）
	（この欄に申立て1件あたり収入印紙800円分を貼ってください。）

収入印紙　　　　　円	印 紙
予納郵便切手　　　円	（貼った印紙に押印しないでください。）

東　京　家庭裁判所 　　　　　　　　御中 令和　〇〇年　〇　月　〇　日	申　立　人 （又は法定代理人など） の 記 名 押 印	甲　野　　一　郎　　㊞

添付書類	（審理のために必要な場合は，追加書類の提出をお願いすることがあります。）	準 口 頭

申 述 人	本　籍 （国　籍）	（戸籍の添付が必要とされていない申立ての場合は，記入する必要はありません。） 〇〇 都 道　〇〇 市 〇〇 町 〇 番地 　　　府 県
	住　所	〒 〇〇〇 － 〇〇〇〇 東京都 〇〇 区 ××× 〇丁目〇番〇号 ハイツ〇〇　〇〇〇 号 　　　　　　　　　　　　　　（　　　　方）
	フリガナ 氏　名	コ ウ ノ　イ チ ロ ウ 甲　野　一　郎 　昭和 平成 〇 年 〇 月 〇 日生 （　　〇〇　　歳）
被 相 続 人	本　籍 （国　籍）	（戸籍の添付が必要とされていない申立ての場合は，記入する必要はありません。） 〇〇 都 道　〇〇 市 〇〇 町 〇 番地 　　　府 県
	住　所	〒 〇〇〇 － 〇〇〇〇 東京都 〇〇 区 ××× 〇丁目〇番〇号　　　　　（　　　　方）
	フリガナ 氏　名	コ ウ ノ　ハ ナ コ 甲　野　花　子 　昭和 平成 〇 年 〇 月 〇 日生 （　　〇〇　　歳）

（注）太枠の中だけ記入してください。

申　立　て　の　趣　旨
申述人は，令和〇年〇月〇日に東京家庭裁判所が受理した被相続人甲野花子の相続の限定承認を取り消します。

申　立　て　の　理　由
1　被相続人甲野花子の相続について、申述人甲野一郎（被相続人の長男）は相続人甲野二郎（被相続人の二男）と限定承認の申述をし、同申述は令和〇年〇月〇日東京家庭裁判所で受理されました。
2　限定承認の申述は、甲野二郎の申述人に対する強迫により、申述人が強要されてなされたものであるので、同申述を取り消したくこの申述をします。

最 後 に

　本書においては、より体系的に相続放棄と限定承認の実務を理解していただくため、申述書の作成だけでなく、相続の基本的な仕組を解説した上で、熟慮期間中の対応の仕方、申述書を家庭裁判所に提出した後の財産管理や不動産登記の実務、限定承認と財産分離や相続財産の破産との関係性等、関連論点を多く掲載することを心掛けました。

　本書が、法律専門職や研究者に限らず、一般の方にとっても実務の理解のお役に立つものとなれば幸いです。

〈文献リスト〉

一般社団法人日本財産管理協会編『相続財産の管理と処分の実務』（第2版、日本加除出版、2018年）

梶村太市・石田賢一・石井久美子『家事事件手続書式体系(1)』（第2版、青林書院、2018年）

窪田充見『家族法—民法を学ぶ』（第4版、有斐閣、2019年）

相続実務研究会編『限定承認・相続放棄の実務と書式』（民事法研究会、2021年）

二宮周平『家族法（新法学ライブラリー)』（新世社、2018年）

弁護士五右衛門『限定相続の実務』（改訂2、オブアワーズ、2015年）

巻末資料

（明 治 29 年）
（法 律 第 89 号）

資料1　民法（抄）

第5編　相　続

第1章　総　則

（相続開始の原因）

第882条　相続は、死亡によって開始する。

（相続開始の場所）

第883条　相続は、被相続人の住所において開始する。

（相続回復請求権）

第884条　相続回復の請求権は、相続人又はその法定代理人が相続権を侵害された事実を知った時から5年間行使しないときは、時効によって消滅する。相続開始の時から20年を経過したときも、同様とする。

（相続財産に関する費用）

第885条　相続財産に関する費用は、その財産の中から支弁する。ただし、相続人の過失によるものは、この限りでない。

第2章　相続人

（相続に関する胎児の権利能力）

第886条　胎児は、相続については、既に生まれたものとみなす。

2　前項の規定は、胎児が死体で生まれたときは、適用しない。

（子及びその代襲者等の相続権）

第887条　被相続人の子は、相続人となる。

2　被相続人の子が、相続の開始以前に死亡したとき、又は第891条の規定に

該当し、若しくは廃除によって、その相続権を失ったときは、その者の子がこれを代襲して相続人となる。ただし、被相続人の直系卑属でない者は、この限りでない。

3　前項の規定は、代襲者が、相続の開始以前に死亡し、又は第891条の規定に該当し、若しくは廃除によって、その代襲相続権を失った場合について準用する。

第888条　削除

（直系尊属及び兄弟姉妹の相続権）

第889条　次に掲げる者は、第887条の規定により相続人となるべき者がない場合には、次に掲げる順序の順位に従って相続人となる。

　一　被相続人の直系尊属。ただし、親等の異なる者の間では、その近い者を先にする。

　二　被相続人の兄弟姉妹

2　第887条第2項の規定は、前項第2号の場合について準用する。

（配偶者の相続権）

第890条　被相続人の配偶者は、常に相続人となる。この場合において、第887条又は前条の規定により相続人となるべき者があるときは、その者と同順位とする。

（相続人の欠格事由）

第891条　次に掲げる者は、相続人となることができない。

　一　故意に被相続人又は相続について先順位若しくは同順位にある者を死亡するに至らせ、又は至らせようとしたために、刑に処せられた者

　二　被相続人の殺害されたことを知って、これを告発せず、又は告訴しなかった者。ただし、その者に是非の弁別がないとき、又は殺害者が自己の配偶者若しくは直系血族であったときは、この限りでない。

　三　詐欺又は強迫によって、被相続人が相続に関する遺言をし、撤回し、取り消し、又は変更することを妨げた者

　四　詐欺又は強迫によって、被相続人に相続に関する遺言をさせ、撤回させ、

　　取り消させ、又は変更させた者

　五　相続に関する被相続人の遺言書を偽造し、変造し、破棄し、又は隠匿し
　　た者

（推定相続人の廃除）

第892条　遺留分を有する推定相続人（相続が開始した場合に相続人となるべ
　　き者をいう。以下同じ。）が、被相続人に対して虐待をし、若しくはこれに
　　重大な侮辱を加えたとき、又は推定相続人にその他の著しい非行があったと
　　きは、被相続人は、その推定相続人の廃除を家庭裁判所に請求することがで
　　きる。

（遺言による推定相続人の廃除）

第893条　被相続人が遺言で推定相続人を廃除する意思を表示したときは、遺
　　言執行者は、その遺言が効力を生じた後、遅滞なく、その推定相続人の廃除
　　を家庭裁判所に請求しなければならない。この場合において、その推定相続
　　人の廃除は、被相続人の死亡の時にさかのぼってその効力を生ずる。

（推定相続人の廃除の取消し）

第894条　被相続人は、いつでも、推定相続人の廃除の取消しを家庭裁判所に
　　請求することができる。

2　前条の規定は、推定相続人の廃除の取消しについて準用する。

（推定相続人の廃除に関する審判確定前の遺産の管理）

第895条　推定相続人の廃除又はその取消しの請求があった後その審判が確定
　　する前に相続が開始したときは、家庭裁判所は、親族、利害関係人又は検察
　　官の請求によって、遺産の管理について必要な処分を命ずることができる。
　　推定相続人の廃除の遺言があったときも、同様とする。

2　第27条から第29条までの規定は、前項の規定により家庭裁判所が遺産の管
　　理人を選任した場合について準用する。

第3章　相続の効力

第1節　総　則

（相続の一般的効力）

第896条　相続人は、相続開始の時から、被相続人の財産に属した一切の権利義務を承継する。ただし、被相続人の一身に専属したものは、この限りでない。

（祭祀に関する権利の承継）

第897条　系譜、祭具及び墳墓の所有権は、前条の規定にかかわらず、慣習に従って祖先の祭祀を主宰すべき者が承継する。ただし、被相続人の指定に従って祖先の祭祀を主宰すべき者があるときは、その者が承継する。

2　前項本文の場合において慣習が明らかでないときは、同項の権利を承継すべき者は、家庭裁判所が定める。

（共同相続の効力）

第898条　相続人が数人あるときは、相続財産は、その共有に属する。

第899条　各共同相続人は、その相続分に応じて被相続人の権利義務を承継する。

（共同相続における権利の承継の対抗要件）

第899条の2　相続による権利の承継は、遺産の分割によるものかどうかにかかわらず、次条及び第901条の規定により算定した相続分を超える部分については、登記、登録その他の対抗要件を備えなければ、第三者に対抗することができない。

2　前項の権利が債権である場合において、次条及び第901条の規定により算定した相続分を超えて当該債権を承継した共同相続人が当該債権に係る遺言の内容（遺産の分割により当該債権を承継した場合にあっては、当該債権に係る遺産の分割の内容）を明らかにして債務者にその承継の通知をしたときは、共同相続人の全員が債務者に通知をしたものとみなして、同項の規定を

適用する。

第2節　相続分

（法定相続分）

第900条　同順位の相続人が数人あるときは、その相続分は、次の各号の定めるところによる。

　一　子及び配偶者が相続人であるときは、子の相続分及び配偶者の相続分は、各二分の一とする。

　二　配偶者及び直系尊属が相続人であるときは、配偶者の相続分は、三分の二とし、直系尊属の相続分は、三分の一とする。

　三　配偶者及び兄弟姉妹が相続人であるときは、配偶者の相続分は、四分の三とし、兄弟姉妹の相続分は、四分の一とする。

　四　子、直系尊属又は兄弟姉妹が数人あるときは、各自の相続分は、相等しいものとする。ただし、父母の一方のみを同じくする兄弟姉妹の相続分は、父母の双方を同じくする兄弟姉妹の相続分の二分の一とする。

（代襲相続人の相続分）

第901条　第887条第2項又は第3項の規定により相続人となる直系卑属の相続分は、その直系尊属が受けるべきであったものと同じとする。ただし、直系卑属が数人あるときは、その各自の直系尊属が受けるべきであった部分について、前条の規定に従ってその相続分を定める。

2　前項の規定は、第889条第2項の規定により兄弟姉妹の子が相続人となる場合について準用する。

（遺言による相続分の指定）

第902条　被相続人は、前二条の規定にかかわらず、遺言で、共同相続人の相続分を定め、又はこれを定めることを第三者に委託することができる。

2　被相続人が、共同相続人中の1人若しくは数人の相続分のみを定め、又はこれを第三者に定めさせたときは、他の共同相続人の相続分は、前二条の規定により定める。

（相続分の指定がある場合の債権者の権利の行使）

第902条の２　被相続人が相続開始の時において有した債務の債権者は、前条の規定による相続分の指定がされた場合であっても、各共同相続人に対し、第900条及び第901条の規定により算定した相続分に応じてその権利を行使することができる。ただし、その債権者が共同相続人の１人に対してその指定された相続分に応じた債務の承継を承認したときは、この限りでない。

（特別受益者の相続分）

第903条　共同相続人中に、被相続人から、遺贈を受け、又は婚姻若しくは養子縁組のため若しくは生計の資本として贈与を受けた者があるときは、被相続人が相続開始の時において有した財産の価額にその贈与の価額を加えたものを相続財産とみなし、第900条から第902条までの規定により算定した相続分の中からその遺贈又は贈与の価額を控除した残額をもってその者の相続分とする。

２　遺贈又は贈与の価額が、相続分の価額に等しく、又はこれを超えるときは、受遺者又は受贈者は、その相続分を受けることができない。

３　被相続人が前二項の規定と異なった意思を表示したときは、その意思に従う。

４　婚姻期間が20年以上の夫婦の一方である被相続人が、他の一方に対し、その居住の用に供する建物又はその敷地について遺贈又は贈与をしたときは、当該被相続人は、その遺贈又は贈与について第１項の規定を適用しない旨の意思を表示したものと推定する。

第904条　前条に規定する贈与の価額は、受贈者の行為によって、その目的である財産が滅失し、又はその価格の増減があったときであっても、相続開始の時においてなお原状のままであるものとみなしてこれを定める。

（寄与分）

第904条の２　共同相続人中に、被相続人の事業に関する労務の提供又は財産上の給付、被相続人の療養看護その他の方法により被相続人の財産の維持又は増加について特別の寄与をした者があるときは、被相続人が相続開始の時

において有した財産の価額から共同相続人の協議で定めたその者の寄与分を控除したものを相続財産とみなし、第900条から第902条までの規定により算定した相続分に寄与分を加えた額をもってその者の相続分とする。

2　前項の協議が調わないとき、又は協議をすることができないときは、家庭裁判所は、同項に規定する寄与をした者の請求により、寄与の時期、方法及び程度、相続財産の額その他一切の事情を考慮して、寄与分を定める。

3　寄与分は、被相続人が相続開始の時において有した財産の価額から遺贈の価額を控除した残額を超えることができない。

4　第2項の請求は、第907条第2項の規定による請求があった場合又は第910条に規定する場合にすることができる。

（相続分の取戻権）

第905条　共同相続人の1人が遺産の分割前にその相続分を第三者に譲り渡したときは、他の共同相続人は、その価額及び費用を償還して、その相続分を譲り受けることができる。

2　前項の権利は、1箇月以内に行使しなければならない。

第3節　遺産の分割

（遺産の分割の基準）

第906条　遺産の分割は、遺産に属する物又は権利の種類及び性質、各相続人の年齢、職業、心身の状態及び生活の状況その他一切の事情を考慮してこれをする。

（遺産の分割前に遺産に属する財産が処分された場合の遺産の範囲）

第906条の2　遺産の分割前に遺産に属する財産が処分された場合であっても、共同相続人は、その全員の同意により、当該処分された財産が遺産の分割時に遺産として存在するものとみなすことができる。

2　前項の規定にかかわらず、共同相続人の1人又は数人により同項の財産が処分されたときは、当該共同相続人については、同項の同意を得ることを要しない。

（遺産の分割の協議又は審判等）

第907条　共同相続人は、次条の規定により被相続人が遺言で禁じた場合を除き、いつでも、その協議で、遺産の全部又は一部の分割をすることができる。

2　遺産の分割について、共同相続人間に協議が調わないとき、又は協議をすることができないときは、各共同相続人は、その全部又は一部の分割を家庭裁判所に請求することができる。ただし、遺産の一部を分割することにより他の共同相続人の利益を害するおそれがある場合におけるその一部の分割については、この限りでない。

3　前項本文の場合において特別の事由があるときは、家庭裁判所は、期間を定めて、遺産の全部又は一部について、その分割を禁ずることができる。

（遺産の分割の方法の指定及び遺産の分割の禁止）

第908条　被相続人は、遺言で、遺産の分割の方法を定め、若しくはこれを定めることを第三者に委託し、又は相続開始の時から５年を超えない期間を定めて、遺産の分割を禁ずることができる。

（遺産の分割の効力）

第909条　遺産の分割は、相続開始の時にさかのぼってその効力を生ずる。ただし、第三者の権利を害することはできない。

（遺産の分割前における預貯金債権の行使）

第909条の２　各共同相続人は、遺産に属する預貯金債権のうち相続開始の時の債権額の三分の一に第900条及び第901条の規定により算定した当該共同相続人の相続分を乗じた額（標準的な当面の必要生計費、平均的な葬式の費用の額その他の事情を勘案して預貯金債権の債務者ごとに法務省令で定める額を限度とする。）については、単独でその権利を行使することができる。この場合において、当該権利の行使をした預貯金債権については、当該共同相続人が遺産の一部の分割によりこれを取得したものとみなす。

（相続の開始後に認知された者の価額の支払請求権）

第910条　相続の開始後認知によって相続人となった者が遺産の分割を請求しようとする場合において、他の共同相続人が既にその分割その他の処分をし

たときは、価額のみによる支払の請求権を有する。

（共同相続人間の担保責任）

第911条　各共同相続人は、他の共同相続人に対して、売主と同じく、その相続分に応じて担保の責任を負う。

（遺産の分割によって受けた債権についての担保責任）

第912条　各共同相続人は、その相続分に応じ、他の共同相続人が遺産の分割によって受けた債権について、その分割の時における債務者の資力を担保する。

2　弁済期に至らない債権及び停止条件付きの債権については、各共同相続人は、弁済をすべき時における債務者の資力を担保する。

（資力のない共同相続人がある場合の担保責任の分担）

第913条　担保の責任を負う共同相続人中に償還をする資力のない者があるときは、その償還することができない部分は、求償者及び他の資力のある者が、それぞれその相続分に応じて分担する。ただし、求償者に過失があるときは、他の共同相続人に対して分担を請求することができない。

（遺言による担保責任の定め）

第914条　前三条の規定は、被相続人が遺言で別段の意思を表示したときは、適用しない。

第4章　相続の承認及び放棄

第1節　総則

（相続の承認又は放棄をすべき期間）

第915条　相続人は、自己のために相続の開始があったことを知った時から3箇月以内に、相続について、単純若しくは限定の承認又は放棄をしなければならない。ただし、この期間は、利害関係人又は検察官の請求によって、家庭裁判所において伸長することができる。

2　相続人は、相続の承認又は放棄をする前に、相続財産の調査をすることが

できる。

第916条　相続人が相続の承認又は放棄をしないで死亡したときは、前条第1項の期間は、その者の相続人が自己のために相続の開始があったことを知った時から起算する。

第917条　相続人が未成年者又は成年被後見人であるときは、第915条第1項の期間は、その法定代理人が未成年者又は成年被後見人のために相続の開始があったことを知った時から起算する。

（相続財産の管理）

第918条　相続人は、その固有財産におけるのと同一の注意をもって、相続財産を管理しなければならない。ただし、相続の承認又は放棄をしたときは、この限りでない。

2　家庭裁判所は、利害関係人又は検察官の請求によって、いつでも、相続財産の保存に必要な処分を命ずることができる。

3　第27条から第29条までの規定は、前項の規定により家庭裁判所が相続財産の管理人を選任した場合について準用する。

（相続の承認及び放棄の撤回及び取消し）

第919条　相続の承認及び放棄は、第915条第1項の期間内でも、撤回することができない。

2　前項の規定は、第1編（総則）及び前編（親族）の規定により相続の承認又は放棄の取消しをすることを妨げない。

3　前項の取消権は、追認をすることができる時から6箇月間行使しないときは、時効によって消滅する。相続の承認又は放棄の時から10年を経過したときも、同様とする。

4　第2項の規定により限定承認又は相続の放棄の取消しをしようとする者は、その旨を家庭裁判所に申述しなければならない。

第2節　相続の承認

第1款　単純承認

（単純承認の効力）

第920条　相続人は、単純承認をしたときは、無限に被相続人の権利義務を承継する。

（法定単純承認）

第921条　次に掲げる場合には、相続人は、単純承認をしたものとみなす。

一　相続人が相続財産の全部又は一部を処分したとき。ただし、保存行為及び第602条に定める期間を超えない賃貸をすることは、この限りでない。

二　相続人が第915条第1項の期間内に限定承認又は相続の放棄をしなかったとき。

三　相続人が、限定承認又は相続の放棄をした後であっても、相続財産の全部若しくは一部を隠匿し、私にこれを消費し、又は悪意でこれを相続財産の目録中に記載しなかったとき。ただし、その相続人が相続の放棄をしたことによって相続人となった者が相続の承認をした後は、この限りでない。

第2款　限定承認

（限定承認）

第922条　相続人は、相続によって得た財産の限度においてのみ被相続人の債務及び遺贈を弁済すべきことを留保して、相続の承認をすることができる。

（共同相続人の限定承認）

第923条　相続人が数人あるときは、限定承認は、共同相続人の全員が共同してのみこれをすることができる。

（限定承認の方式）

第924条　相続人は、限定承認をしようとするときは、第915条第1項の期間内に、相続財産の目録を作成して家庭裁判所に提出し、限定承認をする旨を申述しなければならない。

（限定承認をしたときの権利義務）

第925条　相続人が限定承認をしたときは、その被相続人に対して有した権利
　　義務は、消滅しなかったものとみなす。
（限定承認者による管理）

第926条　限定承認者は、その固有財産におけるのと同一の注意をもって、相
　　続財産の管理を継続しなければならない。
2　第645条、第646条、第650条第1項及び第2項並びに第918条第2項及び第
　　3項の規定は、前項の場合について準用する。
（相続債権者及び受遺者に対する公告及び催告）

第927条　限定承認者は、限定承認をした後5日以内に、すべての相続債権者
　　（相続財産に属する債務の債権者をいう。以下同じ。）及び受遺者に対し、限
　　定承認をしたこと及び一定の期間内にその請求の申出をすべき旨を公告しな
　　ければならない。この場合において、その期間は、2箇月を下ることができ
　　ない。
2　前項の規定による公告には、相続債権者及び受遺者がその期間内に申出を
　　しないときは弁済から除斥されるべき旨を付記しなければならない。ただし、
　　限定承認者は、知れている相続債権者及び受遺者を除斥することができない。
3　限定承認者は、知れている相続債権者及び受遺者には、各別にその申出の
　　催告をしなければならない。
4　第1項の規定による公告は、官報に掲載してする。
（公告期間満了前の弁済の拒絶）

第928条　限定承認者は、前条第1項の期間の満了前には、相続債権者及び受
　　遺者に対して弁済を拒むことができる。
（公告期間満了後の弁済）

第929条　第927条第1項の期間が満了した後は、限定承認者は、相続財産をも
　　って、その期間内に同項の申出をした相続債権者その他知れている相続債権
　　者に、それぞれその債権額の割合に応じて弁済をしなければならない。ただ
　　し、優先権を有する債権者の権利を害することはできない。
（期限前の債務等の弁済）

第930条　限定承認者は、弁済期に至らない債権であっても、前条の規定に従って弁済をしなければならない。

2　条件付きの債権又は存続期間の不確定な債権は、家庭裁判所が選任した鑑定人の評価に従って弁済をしなければならない。

（受遺者に対する弁済）

第931条　限定承認者は、前二条の規定に従って各相続債権者に弁済をした後でなければ、受遺者に弁済をすることができない。

（弁済のための相続財産の換価）

第932条　前三条の規定に従って弁済をするにつき相続財産を売却する必要があるときは、限定承認者は、これを競売に付さなければならない。ただし、家庭裁判所が選任した鑑定人の評価に従い相続財産の全部又は一部の価額を弁済して、その競売を止めることができる。

（相続債権者及び受遺者の換価手続への参加）

第933条　相続債権者及び受遺者は、自己の費用で、相続財産の競売又は鑑定に参加することができる。この場合においては、第260条第2項の規定を準用する。

（不当な弁済をした限定承認者の責任等）

第934条　限定承認者は、第927条の公告若しくは催告をすることを怠り、又は同条第1項の期間内に相続債権者若しくは受遺者に弁済をしたことによって他の相続債権者若しくは受遺者に弁済をすることができなくなったときは、これによって生じた損害を賠償する責任を負う。第929条から第931条までの規定に違反して弁済をしたときも、同様とする。

2　前項の規定は、情を知って不当に弁済を受けた相続債権者又は受遺者に対する他の相続債権者又は受遺者の求償を妨げない。

3　第724条の規定は、前二項の場合について準用する。

（公告期間内に申出をしなかった相続債権者及び受遺者）

第935条　第927条第1項の期間内に同項の申出をしなかった相続債権者及び受遺者で限定承認者に知れなかったものは、残余財産についてのみその権利を

行使することができる。ただし、相続財産について特別担保を有する者は、この限りでない。

（相続人が数人ある場合の相続財産の管理人）

第936条　相続人が数人ある場合には、家庭裁判所は、相続人の中から、相続財産の管理人を選任しなければならない。

2　前項の相続財産の管理人は、相続人のために、これに代わって、相続財産の管理及び債務の弁済に必要な一切の行為をする。

3　第926条から前条までの規定は、第1項の相続財産の管理人について準用する。この場合において、第927条第1項中「限定承認をした後5日以内」とあるのは、「その相続財産の管理人の選任があった後10日以内」と読み替えるものとする。

（法定単純承認の事由がある場合の相続債権者）

第937条　限定承認をした共同相続人の1人又は数人について第921条第1号又は第3号に掲げる事由があるときは、相続債権者は、相続財産をもって弁済を受けることができなかった債権額について、当該共同相続人に対し、その相続分に応じて権利を行使することができる。

第3節　相続の放棄

（相続の放棄の方式）

第938条　相続の放棄をしようとする者は、その旨を家庭裁判所に申述しなければならない。

（相続の放棄の効力）

第939条　相続の放棄をした者は、その相続に関しては、初めから相続人とならなかったものとみなす。

（相続の放棄をした者による管理）

第940条　相続の放棄をした者は、その放棄によって相続人となった者が相続財産の管理を始めることができるまで、自己の財産におけるのと同一の注意をもって、その財産の管理を継続しなければならない。

2　第645条、第646条、第650条第1項及び第2項並びに第918条第2項及び第
　3項の規定は、前項の場合について準用する。

第5章　財産分離

（相続債権者又は受遺者の請求による財産分離）

第941条　相続債権者又は受遺者は、相続開始の時から3箇月以内に、相続人
　の財産の中から相続財産を分離することを家庭裁判所に請求することができ
　る。相続財産が相続人の固有財産と混合しない間は、その期間の満了後も、
　同様とする。

2　家庭裁判所が前項の請求によって財産分離を命じたときは、その請求をし
　た者は、5日以内に、他の相続債権者及び受遺者に対し、財産分離の命令が
　あったこと及び一定の期間内に配当加入の申出をすべき旨を公告しなければ
　ならない。この場合において、その期間は、2箇月を下ることができない。

3　前項の規定による公告は、官報に掲載してする。

（財産分離の効力）

第942条　財産分離の請求をした者及び前条第2項の規定により配当加入の申
　出をした者は、相続財産について、相続人の債権者に先立って弁済を受ける。

（財産分離の請求後の相続財産の管理）

第943条　財産分離の請求があったときは、家庭裁判所は、相続財産の管理に
　ついて必要な処分を命ずることができる。

2　第27条から第29条までの規定は、前項の規定により家庭裁判所が相続財産
　の管理人を選任した場合について準用する。

（財産分離の請求後の相続人による管理）

第944条　相続人は、単純承認をした後でも、財産分離の請求があったときは、
　以後、その固有財産におけるのと同一の注意をもって、相続財産の管理をし
　なければならない。ただし、家庭裁判所が相続財産の管理人を選任したとき
　は、この限りでない。

2　第645条から第647条まで並びに第650条第1項及び第2項の規定は、前項

の場合について準用する。

（不動産についての財産分離の対抗要件）

第945条　財産分離は、不動産については、その登記をしなければ、第三者に対抗することができない。

（物上代位の規定の準用）

第946条　第304条の規定は、財産分離の場合について準用する。

（相続債権者及び受遺者に対する弁済）

第947条　相続人は、第941条第１項及び第２項の期間の満了前には、相続債権者及び受遺者に対して弁済を拒むことができる。

２　財産分離の請求があったときは、相続人は、第941条第２項の期間の満了後に、相続財産をもって、財産分離の請求又は配当加入の申出をした相続債権者及び受遺者に、それぞれその債権額の割合に応じて弁済をしなければならない。ただし、優先権を有する債権者の権利を害することはできない。

３　第930条から第934条までの規定は、前項の場合について準用する。

（相続人の固有財産からの弁済）

第948条　財産分離の請求をした者及び配当加入の申出をした者は、相続財産をもって全部の弁済を受けることができなかった場合に限り、相続人の固有財産についてその権利を行使することができる。この場合においては、相続人の債権者は、その者に先立って弁済を受けることができる。

（財産分離の請求の防止等）

第949条　相続人は、その固有財産をもって相続債権者若しくは受遺者に弁済をし、又はこれに相当の担保を供して、財産分離の請求を防止し、又はその効力を消滅させることができる。ただし、相続人の債権者が、これによって損害を受けるべきことを証明して、異議を述べたときは、この限りでない。

（相続人の債権者の請求による財産分離）

第950条　相続人が限定承認をすることができる間又は相続財産が相続人の固有財産と混合しない間は、相続人の債権者は、家庭裁判所に対して財産分離の請求をすることができる。

2　第304条、第925条、第927条から第934条まで、第943条から第945条まで及び第948条の規定は、前項の場合について準用する。ただし、第927条の公告及び催告は、財産分離の請求をした債権者がしなければならない。

第6章　相続人の不存在

（相続財産法人の成立）

第951条　相続人のあることが明らかでないときは、相続財産は、法人とする。

（相続財産の管理人の選任）

第952条　前条の場合には、家庭裁判所は、利害関係人又は検察官の請求によって、相続財産の管理人を選任しなければならない。

2　前項の規定により相続財産の管理人を選任したときは、家庭裁判所は、遅滞なくこれを公告しなければならない。

（不在者の財産の管理人に関する規定の準用）

第953条　第27条から第29条までの規定は、前条第1項の相続財産の管理人（以下この章において単に「相続財産の管理人」という。）について準用する。

（相続財産の管理人の報告）

第954条　相続財産の管理人は、相続債権者又は受遺者の請求があるときは、その請求をした者に相続財産の状況を報告しなければならない。

（相続財産法人の不成立）

第955条　相続人のあることが明らかになったときは、第951条の法人は、成立しなかったものとみなす。ただし、相続財産の管理人がその権限内でした行為の効力を妨げない。

（相続財産の管理人の代理権の消滅）

第956条　相続財産の管理人の代理権は、相続人が相続の承認をした時に消滅する。

2　前項の場合には、相続財産の管理人は、遅滞なく相続人に対して管理の計算をしなければならない。

（相続債権者及び受遺者に対する弁済）

第957条 第952条第2項の公告があった後2箇月以内に相続人のあることが明らかにならなかったときは、相続財産の管理人は、遅滞なく、すべての相続債権者及び受遺者に対し、一定の期間内にその請求の申出をすべき旨を公告しなければならない。この場合において、その期間は、2箇月を下ることができない。

2 第927条第2項から第4項まで及び第928条から第935条まで（第932条ただし書を除く。）の規定は、前項の場合について準用する。

（相続人の捜索の公告）

第958条 前条第1項の期間の満了後、なお相続人のあることが明らかでないときは、家庭裁判所は、相続財産の管理人又は検察官の請求によって、相続人があるならば一定の期間内にその権利を主張すべき旨を公告しなければならない。この場合において、その期間は、6箇月を下ることができない。

（権利を主張する者がない場合）

第958条の2 前条の期間内に相続人としての権利を主張する者がないときは、相続人並びに相続財産の管理人に知れなかった相続債権者及び受遺者は、その権利を行使することができない。

（特別縁故者に対する相続財産の分与）

第958条の3 前条の場合において、相当と認めるときは、家庭裁判所は、被相続人と生計を同じくしていた者、被相続人の療養看護に努めた者その他被相続人と特別の縁故があった者の請求によって、これらの者に、清算後残存すべき相続財産の全部又は一部を与えることができる。

2 前項の請求は、第958条の期間の満了後3箇月以内にしなければならない。

（残余財産の国庫への帰属）

第959条 前条の規定により処分されなかった相続財産は、国庫に帰属する。この場合においては、第956条第2項の規定を準用する。

第7章 遺言

第 1 節　総則

（遺言の方式）

第960条　遺言は、この法律に定める方式に従わなければ、することができない。

（遺言能力）

第961条　15歳に達した者は、遺言をすることができる。

第962条　第 5 条、第 9 条、第13条及び第17条の規定は、遺言については、適用しない。

第963条　遺言者は、遺言をする時においてその能力を有しなければならない。

（包括遺贈及び特定遺贈）

第964条　遺言者は、包括又は特定の名義で、その財産の全部又は一部を処分することができる。

（相続人に関する規定の準用）

第965条　第886条及び第891条の規定は、受遺者について準用する。

（被後見人の遺言の制限）

第966条　被後見人が、後見の計算の終了前に、後見人又はその配偶者若しくは直系卑属の利益となるべき遺言をしたときは、その遺言は、無効とする。

2　前項の規定は、直系血族、配偶者又は兄弟姉妹が後見人である場合には、適用しない。

第 2 節　遺言の方式

第 1 款　普通の方式

（普通の方式による遺言の種類）

第967条　遺言は、自筆証書、公正証書又は秘密証書によってしなければならない。ただし、特別の方式によることを許す場合は、この限りでない。

（自筆証書遺言）

第968条　自筆証書によって遺言をするには、遺言者が、その全文、日付及び氏名を自書し、これに印を押さなければならない。

2　前項の規定にかかわらず、自筆証書にこれと一体のものとして相続財産（第997条第1項に規定する場合における同項に規定する権利を含む。）の全部又は一部の目録を添付する場合には、その目録については、自書することを要しない。この場合において、遺言者は、その目録の毎葉（自書によらない記載がその両面にある場合にあっては、その両面）に署名し、印を押さなければならない。

3　自筆証書（前項の目録を含む。）中の加除その他の変更は、遺言者が、その場所を指示し、これを変更した旨を付記して特にこれに署名し、かつ、その変更の場所に印を押さなければ、その効力を生じない。

（公正証書遺言）

第969条　公正証書によって遺言をするには、次に掲げる方式に従わなければならない。

一　証人2人以上の立会いがあること。

二　遺言者が遺言の趣旨を公証人に口授すること。

三　公証人が、遺言者の口述を筆記し、これを遺言者及び証人に読み聞かせ、又は閲覧させること。

四　遺言者及び証人が、筆記の正確なことを承認した後、各自これに署名し、印を押すこと。ただし、遺言者が署名することができない場合は、公証人がその事由を付記して、署名に代えることができる。

五　公証人が、その証書は前各号に掲げる方式に従って作ったものである旨を付記して、これに署名し、印を押すこと。

（公正証書遺言の方式の特則）

第969条の2　口がきけない者が公正証書によって遺言をする場合には、遺言者は、公証人及び証人の前で、遺言の趣旨を通訳人の通訳により申述し、又は自書して、前条第2号の口授に代えなければならない。この場合における同条第3号の規定の適用については、同号中「口述」とあるのは、「通訳人

の通訳による申述又は自書」とする。

2　前条の遺言者又は証人が耳が聞こえない者である場合には、公証人は、同条第3号に規定する筆記した内容を通訳人の通訳により遺言者又は証人に伝えて、同号の読み聞かせに代えることができる。

3　公証人は、前二項に定める方式に従って公正証書を作ったときは、その旨をその証書に付記しなければならない。

（秘密証書遺言）

第970条　秘密証書によって遺言をするには、次に掲げる方式に従わなければならない。

一　遺言者が、その証書に署名し、印を押すこと。

二　遺言者が、その証書を封じ、証書に用いた印章をもってこれに封印すること。

三　遺言者が、公証人1人及び証人2人以上の前に封書を提出して、自己の遺言書である旨並びにその筆者の氏名及び住所を申述すること。

四　公証人が、その証書を提出した日付及び遺言者の申述を封紙に記載した後、遺言者及び証人とともにこれに署名し、印を押すこと。

2　第968条第3項の規定は、秘密証書による遺言について準用する。

（方式に欠ける秘密証書遺言の効力）

第971条　秘密証書による遺言は、前条に定める方式に欠けるものがあっても、第968条に定める方式を具備しているときは、自筆証書による遺言としてその効力を有する。

（秘密証書遺言の方式の特則）

第972条　口がきけない者が秘密証書によって遺言をする場合には、遺言者は、公証人及び証人の前で、その証書は自己の遺言書である旨並びにその筆者の氏名及び住所を通訳人の通訳により申述し、又は封紙に自書して、第970条第1項第3号の申述に代えなければならない。

2　前項の場合において、遺言者が通訳人の通訳により申述したときは、公証人は、その旨を封紙に記載しなければならない。

3　第1項の場合において、遺言者が封紙に自書したときは、公証人は、その旨を封紙に記載して、第970条第1項第4号に規定する申述の記載に代えなければならない。

（成年被後見人の遺言）

第973条　成年被後見人が事理を弁識する能力を一時回復した時において遺言をするには、医師2人以上の立会いがなければならない。

2　遺言に立ち会った医師は、遺言者が遺言をする時において精神上の障害により事理を弁識する能力を欠く状態になかった旨を遺言書に付記して、これに署名し、印を押さなければならない。ただし、秘密証書による遺言にあっては、その封紙にその旨の記載をし、署名し、印を押さなければならない。

（証人及び立会人の欠格事由）

第974条　次に掲げる者は、遺言の証人又は立会人となることができない。

一　未成年者

二　推定相続人及び受遺者並びにこれらの配偶者及び直系血族

三　公証人の配偶者、四親等内の親族、書記及び使用人

（共同遺言の禁止）

第975条　遺言は、2人以上の者が同一の証書ですることができない。

第2款　特別の方式

（死亡の危急に迫った者の遺言）

第976条　疾病その他の事由によって死亡の危急に迫った者が遺言をしようとするときは、証人3人以上の立会いをもって、その1人に遺言の趣旨を口授して、これをすることができる。この場合においては、その口授を受けた者が、これを筆記して、遺言者及び他の証人に読み聞かせ、又は閲覧させ、各証人がその筆記の正確なことを承認した後、これに署名し、印を押さなければならない。

2　口がきけない者が前項の規定により遺言をする場合には、遺言者は、証人の前で、遺言の趣旨を通訳人の通訳により申述して、同項の口授に代えなけ

ればならない。

3　第1項後段の遺言者又は他の証人が耳が聞こえない者である場合には、遺言の趣旨の口授又は申述を受けた者は、同項後段に規定する筆記した内容を通訳人の通訳によりその遺言者又は他の証人に伝えて、同項後段の読み聞かせに代えることができる。

4　前三項の規定によりした遺言は、遺言の日から20日以内に、証人の1人又は利害関係人から家庭裁判所に請求してその確認を得なければ、その効力を生じない。

5　家庭裁判所は、前項の遺言が遺言者の真意に出たものであるとの心証を得なければ、これを確認することができない。

（伝染病隔離者の遺言）

第977条　伝染病のため行政処分によって交通を断たれた場所に在る者は、警察官1人及び証人1人以上の立会いをもって遺言書を作ることができる。

（在船者の遺言）

第978条　船舶中に在る者は、船長又は事務員1人及び証人2人以上の立会いをもって遺言書を作ることができる。

（船舶遭難者の遺言）

第979条　船舶が遭難した場合において、当該船舶中に在って死亡の危急に迫った者は、証人2人以上の立会いをもって口頭で遺言をすることができる。

2　口がきけない者が前項の規定により遺言をする場合には、遺言者は、通訳人の通訳によりこれをしなければならない。

3　前二項の規定に従ってした遺言は、証人が、その趣旨を筆記して、これに署名し、印を押し、かつ、証人の1人又は利害関係人から遅滞なく家庭裁判所に請求してその確認を得なければ、その効力を生じない。

4　第976条第5項の規定は、前項の場合について準用する。

（遺言関係者の署名及び押印）

第980条　第977条及び第978条の場合には、遺言者、筆者、立会人及び証人は、各自遺言書に署名し、印を押さなければならない。

（署名又は押印が不能の場合）

第981条　第977条から第979条までの場合において、署名又は印を押すことの
できない者があるときは、立会人又は証人は、その事由を付記しなければな
らない。

（普通の方式による遺言の規定の準用）

第982条　第968条第3項及び第973条から第975条までの規定は、第976条から
前条までの規定による遺言について準用する。

（特別の方式による遺言の効力）

第983条　第976条から前条までの規定によりした遺言は、遺言者が普通の方式
によって遺言をすることができるようになった時から6箇月間生存するとき
は、その効力を生じない。

（外国に在る日本人の遺言の方式）

第984条　日本の領事の駐在する地に在る日本人が公正証書又は秘密証書によ
って遺言をしようとするときは、公証人の職務は、領事が行う。

第3節　遺言の効力

（遺言の効力の発生時期）

第985条　遺言は、遺言者の死亡の時からその効力を生ずる。

2　遺言に停止条件を付した場合において、その条件が遺言者の死亡後に成就
したときは、遺言は、条件が成就した時からその効力を生ずる。

（遺贈の放棄）

第986条　受遺者は、遺言者の死亡後、いつでも、遺贈の放棄をすることがで
きる。

2　遺贈の放棄は、遺言者の死亡の時にさかのぼってその効力を生ずる。

（受遺者に対する遺贈の承認又は放棄の催告）

第987条　遺贈義務者（遺贈の履行をする義務を負う者をいう。以下この節に
おいて同じ。）その他の利害関係人は、受遺者に対し、相当の期間を定めて、
その期間内に遺贈の承認又は放棄をすべき旨の催告をすることができる。こ

の場合において、受遺者がその期間内に遺贈義務者に対してその意思を表示しないときは、遺贈を承認したものとみなす。

（受遺者の相続人による遺贈の承認又は放棄）

第988条　受遺者が遺贈の承認又は放棄をしないで死亡したときは、その相続人は、自己の相続権の範囲内で、遺贈の承認又は放棄をすることができる。ただし、遺言者がその遺言に別段の意思を表示したときは、その意思に従う。

（遺贈の承認及び放棄の撤回及び取消し）

第989条　遺贈の承認及び放棄は、撤回することができない。

2　第919条第2項及び第3項の規定は、遺贈の承認及び放棄について準用する。

（包括受遺者の権利義務）

第990条　包括受遺者は、相続人と同一の権利義務を有する。

（受遺者による担保の請求）

第991条　受遺者は、遺贈が弁済期に至らない間は、遺贈義務者に対して相当の担保を請求することができる。停止条件付きの遺贈についてその条件の成否が未定である間も、同様とする。

（受遺者による果実の取得）

第992条　受遺者は、遺贈の履行を請求することができる時から果実を取得する。ただし、遺言者がその遺言に別段の意思を表示したときは、その意思に従う。

（遺贈義務者による費用の償還請求）

第993条　第299条の規定は、遺贈義務者が遺言者の死亡後に遺贈の目的物について費用を支出した場合について準用する。

2　果実を収取するために支出した通常の必要費は、果実の価格を超えない限度で、その償還を請求することができる。

（受遺者の死亡による遺贈の失効）

第994条　遺贈は、遺言者の死亡以前に受遺者が死亡したときは、その効力を生じない。

2　停止条件付きの遺贈については、受遺者がその条件の成就前に死亡したときも、前項と同様とする。ただし、遺言者がその遺言に別段の意思を表示したときは、その意思に従う。

（遺贈の無効又は失効の場合の財産の帰属）

第995条　遺贈が、その効力を生じないとき、又は放棄によってその効力を失ったときは、受遺者が受けるべきであったものは、相続人に帰属する。ただし、遺言者がその遺言に別段の意思を表示したときは、その意思に従う。

（相続財産に属しない権利の遺贈）

第996条　遺贈は、その目的である権利が遺言者の死亡の時において相続財産に属しなかったときは、その効力を生じない。ただし、その権利が相続財産に属するかどうかにかかわらず、これを遺贈の目的としたものと認められるときは、この限りでない。

第997条　相続財産に属しない権利を目的とする遺贈が前条ただし書の規定により有効であるときは、遺贈義務者は、その権利を取得して受遺者に移転する義務を負う。

2　前項の場合において、同項に規定する権利を取得することができないとき、又はこれを取得するについて過分の費用を要するときは、遺贈義務者は、その価額を弁償しなければならない。ただし、遺言者がその遺言に別段の意思を表示したときは、その意思に従う。

（遺贈義務者の引渡義務）

第998条　遺贈義務者は、遺贈の目的である物又は権利を、相続開始の時（その後に当該物又は権利について遺贈の目的として特定した場合にあっては、その特定した時）の状態で引き渡し、又は移転する義務を負う。ただし、遺言者がその遺言に別段の意思を表示したときは、その意思に従う。

（遺贈の物上代位）

第999条　遺言者が、遺贈の目的物の滅失若しくは変造又はその占有の喪失によって第三者に対して償金を請求する権利を有するときは、その権利を遺贈の目的としたものと推定する。

2　遺贈の目的物が、他の物と付合し、又は混和した場合において、遺言者が第243条から第245条までの規定により合成物又は混和物の単独所有者又は共有者となったときは、その全部の所有権又は持分を遺贈の目的としたものと推定する。

第1000条　削除

（債権の遺贈の物上代位）

第1001条　債権を遺贈の目的とした場合において、遺言者が弁済を受け、かつ、その受け取った物がなお相続財産中に在るときは、その物を遺贈の目的としたものと推定する。

2　金銭を目的とする債権を遺贈の目的とした場合においては、相続財産中にその債権額に相当する金銭がないときであっても、その金額を遺贈の目的としたものと推定する。

（負担付遺贈）

第1002条　負担付遺贈を受けた者は、遺贈の目的の価額を超えない限度においてのみ、負担した義務を履行する責任を負う。

2　受遺者が遺贈の放棄をしたときは、負担の利益を受けるべき者は、自ら受遺者となることができる。ただし、遺言者がその遺言に別段の意思を表示したときは、その意思に従う。

（負担付遺贈の受遺者の免責）

第1003条　負担付遺贈の目的の価額が相続の限定承認又は遺留分回復の訴えによって減少したときは、受遺者は、その減少の割合に応じて、その負担した義務を免れる。ただし、遺言者がその遺言に別段の意思を表示したときは、その意思に従う。

第4節　遺言の執行

（遺言書の検認）

第1004条　遺言書の保管者は、相続の開始を知った後、遅滞なく、これを家庭裁判所に提出して、その検認を請求しなければならない。遺言書の保管者が

ない場合において、相続人が遺言書を発見した後も、同様とする。

2　前項の規定は、公正証書による遺言については、適用しない。

3　封印のある遺言書は、家庭裁判所において相続人又はその代理人の立会いがなければ、開封することができない。

（過料）

第1005条　前条の規定により遺言書を提出することを怠り、その検認を経ないで遺言を執行し、又は家庭裁判所外においてその開封をした者は、5万円以下の過料に処する。

（遺言執行者の指定）

第1006条　遺言者は、遺言で、1人又は数人の遺言執行者を指定し、又はその指定を第三者に委託することができる。

2　遺言執行者の指定の委託を受けた者は、遅滞なく、その指定をして、これを相続人に通知しなければならない。

3　遺言執行者の指定の委託を受けた者がその委託を辞そうとするときは、遅滞なくその旨を相続人に通知しなければならない。

（遺言執行者の任務の開始）

第1007条　遺言執行者が就職を承諾したときは、直ちにその任務を行わなければならない。

2　遺言執行者は、その任務を開始したときは、遅滞なく、遺言の内容を相続人に通知しなければならない。

（遺言執行者に対する就職の催告）

第1008条　相続人その他の利害関係人は、遺言執行者に対し、相当の期間を定めて、その期間内に就職を承諾するかどうかを確答すべき旨の催告をすることができる。この場合において、遺言執行者が、その期間内に相続人に対して確答をしないときは、就職を承諾したものとみなす。

（遺言執行者の欠格事由）

第1009条　未成年者及び破産者は、遺言執行者となることができない。

（遺言執行者の選任）

第1010条　遺言執行者がないとき、又はなくなったときは、家庭裁判所は、利害関係人の請求によって、これを選任することができる。

（相続財産の目録の作成）

第1011条　遺言執行者は、遅滞なく、相続財産の目録を作成して、相続人に交付しなければならない。

2　遺言執行者は、相続人の請求があるときは、その立会いをもって相続財産の目録を作成し、又は公証人にこれを作成させなければならない。

（遺言執行者の権利義務）

第1012条　遺言執行者は、遺言の内容を実現するため、相続財産の管理その他遺言の執行に必要な一切の行為をする権利義務を有する。

2　遺言執行者がある場合には、遺贈の履行は、遺言執行者のみが行うことができる。

3　第644条、第645条から第647条まで及び第650条の規定は、遺言執行者について準用する。

（遺言の執行の妨害行為の禁止）

第1013条　遺言執行者がある場合には、相続人は、相続財産の処分その他遺言の執行を妨げるべき行為をすることができない。

2　前項の規定に違反してした行為は、無効とする。ただし、これをもって善意の第三者に対抗することができない。

3　前二項の規定は、相続人の債権者（相続債権者を含む。）が相続財産についてその権利を行使することを妨げない。

（特定財産に関する遺言の執行）

第1014条　前三条の規定は、遺言が相続財産のうち特定の財産に関する場合には、その財産についてのみ適用する。

2　遺産の分割の方法の指定として遺産に属する特定の財産を共同相続人の1人又は数人に承継させる旨の遺言（以下「特定財産承継遺言」という。）があったときは、遺言執行者は、当該共同相続人が第899条の2第1項に規定する対抗要件を備えるために必要な行為をすることができる。

3　前項の財産が預貯金債権である場合には、遺言執行者は、同項に規定する行為のほか、その預金又は貯金の払戻しの請求及びその預金又は貯金に係る契約の解約の申入れをすることができる。ただし、解約の申入れについては、その預貯金債権の全部が特定財産承継遺言の目的である場合に限る。

4　前二項の規定にかかわらず、被相続人が遺言で別段の意思を表示したときは、その意思に従う。

（遺言執行者の行為の効果）

第1015条　遺言執行者がその権限内において遺言執行者であることを示してした行為は、相続人に対して直接にその効力を生ずる。

（遺言執行者の復任権）

第1016条　遺言執行者は、自己の責任で第三者にその任務を行わせることができる。ただし、遺言者がその遺言に別段の意思を表示したときは、その意思に従う。

2　前項本文の場合において、第三者に任務を行わせることについてやむを得ない事由があるときは、遺言執行者は、相続人に対してその選任及び監督についての責任のみを負う。

（遺言執行者が数人ある場合の任務の執行）

第1017条　遺言執行者が数人ある場合には、その任務の執行は、過半数で決する。ただし、遺言者がその遺言に別段の意思を表示したときは、その意思に従う。

2　各遺言執行者は、前項の規定にかかわらず、保存行為をすることができる。

（遺言執行者の報酬）

第1018条　家庭裁判所は、相続財産の状況その他の事情によって遺言執行者の報酬を定めることができる。ただし、遺言者がその遺言に報酬を定めたときは、この限りでない。

2　第648条第2項及び第3項並びに第648条の2の規定は、遺言執行者が報酬を受けるべき場合について準用する。

（遺言執行者の解任及び辞任）

第1019条　遺言執行者がその任務を怠ったときその他正当な事由があるときは、利害関係人は、その解任を家庭裁判所に請求することができる。

2　遺言執行者は、正当な事由があるときは、家庭裁判所の許可を得て、その任務を辞することができる。

（委任の規定の準用）

第1020条　第654条及び第655条の規定は、遺言執行者の任務が終了した場合について準用する。

（遺言の執行に関する費用の負担）

第1021条　遺言の執行に関する費用は、相続財産の負担とする。ただし、これによって遺留分を減ずることができない。

第5節　遺言の撤回及び取消し

（遺言の撤回）

第1022条　遺言者は、いつでも、遺言の方式に従って、その遺言の全部又は一部を撤回することができる。

（前の遺言と後の遺言との抵触等）

第1023条　前の遺言が後の遺言と抵触するときは、その抵触する部分については、後の遺言で前の遺言を撤回したものとみなす。

2　前項の規定は、遺言が遺言後の生前処分その他の法律行為と抵触する場合について準用する。

（遺言書又は遺贈の目的物の破棄）

第1024条　遺言者が故意に遺言書を破棄したときは、その破棄した部分については、遺言を撤回したものとみなす。遺言者が故意に遺贈の目的物を破棄したときも、同様とする。

（撤回された遺言の効力）

第1025条　前三条の規定により撤回された遺言は、その撤回の行為が、撤回され、取り消され、又は効力を生じなくなるに至ったときであっても、その効力を回復しない。ただし、その行為が錯誤、詐欺又は強迫による場合は、こ

の限りでない。

（遺言の撤回権の放棄の禁止）

第1026条 遺言者は、その遺言を撤回する権利を放棄することができない。

（負担付遺贈に係る遺言の取消し）

第1027条 負担付遺贈を受けた者がその負担した義務を履行しないときは、相続人は、相当の期間を定めてその履行の催告をすることができる。この場合において、その期間内に履行がないときは、その負担付遺贈に係る遺言の取消しを家庭裁判所に請求することができる。

第8章　配偶者の居住の権利

第1節　配偶者居住権

（配偶者居住権）

第1028条 被相続人の配偶者（以下この章において単に「配偶者」という。）は、被相続人の財産に属した建物に相続開始の時に居住していた場合において、次の各号のいずれかに該当するときは、その居住していた建物（以下この節において「居住建物」という。）の全部について無償で使用及び収益をする権利（以下この章において「配偶者居住権」という。）を取得する。ただし、被相続人が相続開始の時に居住建物を配偶者以外の者と共有していた場合にあっては、この限りでない。

　一　遺産の分割によって配偶者居住権を取得するものとされたとき。

　二　配偶者居住権が遺贈の目的とされたとき。

2　居住建物が配偶者の財産に属することとなった場合であっても、他の者がその共有持分を有するときは、配偶者居住権は、消滅しない。

3　第903条第4項の規定は、配偶者居住権の遺贈について準用する。

（審判による配偶者居住権の取得）

第1029条 遺産の分割の請求を受けた家庭裁判所は、次に掲げる場合に限り、配偶者が配偶者居住権を取得する旨を定めることができる。

一　共同相続人間に配偶者が配偶者居住権を取得することについて合意が成立しているとき。

二　配偶者が家庭裁判所に対して配偶者居住権の取得を希望する旨を申し出た場合において、居住建物の所有者の受ける不利益の程度を考慮してもなお配偶者の生活を維持するために特に必要があると認めるとき（前号に掲げる場合を除く。）。

（配偶者居住権の存続期間）

第1030条　配偶者居住権の存続期間は、配偶者の終身の間とする。ただし、遺産の分割の協議若しくは遺言に別段の定めがあるとき、又は家庭裁判所が遺産の分割の審判において別段の定めをしたときは、その定めるところによる。

（配偶者居住権の登記等）

第1031条　居住建物の所有者は、配偶者（配偶者居住権を取得した配偶者に限る。以下この節において同じ。）に対し、配偶者居住権の設定の登記を備えさせる義務を負う。

2　第605条の規定は配偶者居住権について、第605条の4の規定は配偶者居住権の設定の登記を備えた場合について準用する。

（配偶者による使用及び収益）

第1032条　配偶者は、従前の用法に従い、善良な管理者の注意をもって、居住建物の使用及び収益をしなければならない。ただし、従前居住の用に供していなかった部分について、これを居住の用に供することを妨げない。

2　配偶者居住権は、譲渡することができない。

3　配偶者は、居住建物の所有者の承諾を得なければ、居住建物の改築若しくは増築をし、又は第三者に居住建物の使用若しくは収益をさせることができない。

4　配偶者が第1項又は前項の規定に違反した場合において、居住建物の所有者が相当の期間を定めてその是正の催告をし、その期間内に是正がされないときは、居住建物の所有者は、当該配偶者に対する意思表示によって配偶者居住権を消滅させることができる。

（居住建物の修繕等）

第1033条　配偶者は、居住建物の使用及び収益に必要な修繕をすることができる。

2　居住建物の修繕が必要である場合において、配偶者が相当の期間内に必要な修繕をしないときは、居住建物の所有者は、その修繕をすることができる。

3　居住建物が修繕を要するとき（第1項の規定により配偶者が自らその修繕をするときを除く。）、又は居住建物について権利を主張する者があるときは、配偶者は、居住建物の所有者に対し、遅滞なくその旨を通知しなければならない。ただし、居住建物の所有者が既にこれを知っているときは、この限りでない。

（居住建物の費用の負担）

第1034条　配偶者は、居住建物の通常の必要費を負担する。

2　第583条第2項の規定は、前項の通常の必要費以外の費用について準用する。

（居住建物の返還等）

第1035条　配偶者は、配偶者居住権が消滅したときは、居住建物の返還をしなければならない。ただし、配偶者が居住建物について共有持分を有する場合は、居住建物の所有者は、配偶者居住権が消滅したことを理由としては、居住建物の返還を求めることができない。

2　第599条第1項及び第2項並びに第621条の規定は、前項本文の規定により配偶者が相続の開始後に附属させた物がある居住建物又は相続の開始後に生じた損傷がある居住建物の返還をする場合について準用する。

（使用貸借及び賃貸借の規定の準用）

第1036条　第597条第1項及び第3項、第600条、第613条並びに第616条の2の規定は、配偶者居住権について準用する。

第2節　配偶者短期居住権

（配偶者短期居住権）

第1037条　配偶者は、被相続人の財産に属した建物に相続開始の時に無償で居住していた場合には、次の各号に掲げる区分に応じてそれぞれ当該各号に定める日までの間、その居住していた建物（以下この節において「居住建物」という。）の所有権を相続又は遺贈により取得した者（以下この節において「居住建物取得者」という。）に対し、居住建物について無償で使用する権利（居住建物の一部のみを無償で使用していた場合にあっては、その部分について無償で使用する権利。以下この節において「配偶者短期居住権」という。）を有する。ただし、配偶者が、相続開始の時において居住建物に係る配偶者居住権を取得したとき、又は第891条の規定に該当し若しくは廃除によってその相続権を失ったときは、この限りでない。

　一　居住建物について配偶者を含む共同相続人間で遺産の分割をすべき場合　遺産の分割により居住建物の帰属が確定した日又は相続開始の時から6箇月を経過する日のいずれか遅い日

　二　前号に掲げる場合以外の場合　第3項の申入れの日から6箇月を経過する日

2　前項本文の場合においては、居住建物取得者は、第三者に対する居住建物の譲渡その他の方法により配偶者の居住建物の使用を妨げてはならない。

3　居住建物取得者は、第1項第1号に掲げる場合を除くほか、いつでも配偶者短期居住権の消滅の申入れをすることができる。

（配偶者による使用）

第1038条　配偶者（配偶者短期居住権を有する配偶者に限る。以下この節において同じ。）は、従前の用法に従い、善良な管理者の注意をもって、居住建物の使用をしなければならない。

2　配偶者は、居住建物取得者の承諾を得なければ、第三者に居住建物の使用をさせることができない。

3　配偶者が前二項の規定に違反したときは、居住建物取得者は、当該配偶者に対する意思表示によって配偶者短期居住権を消滅させることができる。

（配偶者居住権の取得による配偶者短期居住権の消滅）

第1039条　配偶者が居住建物に係る配偶者居住権を取得したときは、配偶者短期居住権は、消滅する。

（居住建物の返還等）

第1040条　配偶者は、前条に規定する場合を除き、配偶者短期居住権が消滅したときは、居住建物の返還をしなければならない。ただし、配偶者が居住建物について共有持分を有する場合は、居住建物取得者は、配偶者短期居住権が消滅したことを理由としては、居住建物の返還を求めることができない。

2　第599条第1項及び第2項並びに第621条の規定は、前項本文の規定により配偶者が相続の開始後に附属させた物がある居住建物又は相続の開始後に生じた損傷がある居住建物の返還をする場合について準用する。

（使用貸借等の規定の準用）

第1041条　第597条第3項、第600条、第616条の2、第1032条第2項、第1033条及び第1034条の規定は、配偶者短期居住権について準用する。

第9章　遺留分

（遺留分の帰属及びその割合）

第1042条　兄弟姉妹以外の相続人は、遺留分として、次条第1項に規定する遺留分を算定するための財産の価額に、次の各号に掲げる区分に応じてそれぞれ当該各号に定める割合を乗じた額を受ける。

一　直系尊属のみが相続人である場合　三分の一

二　前号に掲げる場合以外の場合　二分の一

2　相続人が数人ある場合には、前項各号に定める割合は、これらに第900条及び第901条の規定により算定したその各自の相続分を乗じた割合とする。

（遺留分を算定するための財産の価額）

第1043条　遺留分を算定するための財産の価額は、被相続人が相続開始の時において有した財産の価額にその贈与した財産の価額を加えた額から債務の全額を控除した額とする。

2　条件付きの権利又は存続期間の不確定な権利は、家庭裁判所が選任した鑑

定人の評価に従って、その価格を定める。

第1044条　贈与は、相続開始前の１年間にしたものに限り、前条の規定によりその価額を算入する。当事者双方が遺留分権利者に損害を加えることを知って贈与をしたときは、１年前の日より前にしたものについても、同様とする。

2　第904条の規定は、前項に規定する贈与の価額について準用する。

3　相続人に対する贈与についての第１項の規定の適用については、同項中「１年」とあるのは「10年」と、「価額」とあるのは「価額（婚姻若しくは養子縁組のため又は生計の資本として受けた贈与の価額に限る。）」とする。

第1045条　負担付贈与がされた場合における第1043条第１項に規定する贈与した財産の価額は、その目的の価額から負担の価額を控除した額とする。

2　不相当な対価をもってした有償行為は、当事者双方が遺留分権利者に損害を加えることを知ってしたものに限り、当該対価を負担の価額とする負担付贈与とみなす。

（遺留分侵害額の請求）

第1046条　遺留分権利者及びその承継人は、受遺者（特定財産承継遺言により財産を承継し又は相続分の指定を受けた相続人を含む。以下この章において同じ。）又は受贈者に対し、遺留分侵害額に相当する金銭の支払を請求することができる。

2　遺留分侵害額は、第1042条の規定による遺留分から第１号及び第２号に掲げる額を控除し、これに第３号に掲げる額を加算して算定する。

　一　遺留分権利者が受けた遺贈又は第903条第１項に規定する贈与の価額

　二　第900条から第902条まで、第903条及び第904条の規定により算定した相続分に応じて遺留分権利者が取得すべき遺産の価額

　三　被相続人が相続開始の時において有した債務のうち、第899条の規定により遺留分権利者が承継する債務（次条第３項において「遺留分権利者承継債務」という。）の額

（受遺者又は受贈者の負担額）

第1047条　受遺者又は受贈者は、次の各号の定めるところに従い、遺贈（特定

財産承継遺言による財産の承継又は相続分の指定による遺産の取得を含む。以下この章において同じ。）又は贈与（遺留分を算定するための財産の価額に算入されるものに限る。以下この章において同じ。）の目的の価額（受遺者又は受贈者が相続人である場合にあっては、当該価額から第1042条の規定による遺留分として当該相続人が受けるべき額を控除した額）を限度として、遺留分侵害額を負担する。

一　受遺者と受贈者とがあるときは、受遺者が先に負担する。

二　受遺者が複数あるとき、又は受贈者が複数ある場合においてその贈与が同時にされたものであるときは、受遺者又は受贈者がその目的の価額の割合に応じて負担する。ただし、遺言者がその遺言に別段の意思を表示したときは、その意思に従う。

三　受贈者が複数あるとき（前号に規定する場合を除く。）は、後の贈与に係る受贈者から順次前の贈与に係る贈者が負担する。

2　第904条、第1043条第2項及び第1045条の規定は、前項に規定する遺贈又は贈与の目的の価額について準用する。

3　前条第1項の請求を受けた受遺者又は受贈者は、遺留分権利者承継債務について弁済その他の債務を消滅させる行為をしたときは、消滅した債務の額の限度において、遺留分権利者に対する意思表示によって第1項の規定により負担する債務を消滅させることができる。この場合において、当該行為によって遺留分権利者に対して取得した求償権は、消滅した当該債務の額の限度において消滅する。

4　受遺者又は受贈者の無資力によって生じた損失は、遺留分権利者の負担に帰する。

5　裁判所は、受遺者又は受贈者の請求により、第1項の規定により負担する債務の全部又は一部の支払につき相当の期限を許与することができる。

（遺留分侵害額請求権の期間の制限）

第1048条　遺留分侵害額の請求権は、遺留分権利者が、相続の開始及び遺留分を侵害する贈与又は遺贈があったことを知った時から1年間行使しないとき

は、時効によって消滅する。相続開始の時から10年を経過したときも、同様とする。

（遺留分の放棄）

第1049条　相続の開始前における遺留分の放棄は、家庭裁判所の許可を受けたときに限り、その効力を生ずる。

2　共同相続人の1人のした遺留分の放棄は、他の各共同相続人の遺留分に影響を及ぼさない。

第10章　特別の寄与

第1050条　被相続人に対して無償で療養看護その他の労務の提供をしたことにより被相続人の財産の維持又は増加について特別の寄与をした被相続人の親族（相続人、相続の放棄をした者及び第891条の規定に該当し又は廃除によってその相続権を失った者を除く。以下この条において「特別寄与者」という。）は、相続の開始後、相続人に対し、特別寄与者の寄与に応じた額の金銭（以下この条において「特別寄与料」という。）の支払を請求することができる。

2　前項の規定による特別寄与料の支払について、当事者間に協議が調わないとき、又は協議をすることができないときは、特別寄与者は、家庭裁判所に対して協議に代わる処分を請求することができる。ただし、特別寄与者が相続の開始及び相続人を知った時から6箇月を経過したとき、又は相続開始の時から1年を経過したときは、この限りでない。

3　前項本文の場合には、家庭裁判所は、寄与の時期、方法及び程度、相続財産の額その他一切の事情を考慮して、特別寄与料の額を定める。

4　特別寄与料の額は、被相続人が相続開始の時において有した財産の価額から遺贈の価額を控除した残額を超えることができない。

5　相続人が数人ある場合には、各相続人は、特別寄与料の額に第900条から第902条までの規定により算定した当該相続人の相続分を乗じた額を負担する。

資料2 破産法（抄）

（平 成 16 年）
（法 律 第 75 号）

第10章　相続財産の破産等に関する特則

第1節　相続財産の破産

（相続財産に関する破産事件の管轄）

第222条　相続財産についてのこの法律の規定による破産手続開始の申立ては、被相続人の相続開始の時の住所又は相続財産に属する財産が日本国内にあるときに限り、することができる。

2　相続財産に関する破産事件は、被相続人の相続開始の時の住所地を管轄する地方裁判所が管轄する。

3　前項の規定による管轄裁判所がないときは、相続財産に関する破産事件は、相続財産に属する財産の所在地（債権については、裁判上の請求をすることができる地）を管轄する地方裁判所が管轄する。

4　相続財産に関する破産事件に対する第5条第8項及び第9項並びに第7条第5号の規定の適用については、第5条第8項及び第9項中「第1項及び第2項」とあるのは「第222条第2項及び第3項」と、第7条第5号中「同条第1項又は第2項」とあるのは「第222条第2項又は第3項」とする。

5　前三項の規定により二以上の地方裁判所が管轄権を有するときは、相続財産に関する破産事件は、先に破産手続開始の申立てがあった地方裁判所が管轄する。

（相続財産の破産手続開始の原因）

第223条　相続財産に対する第30条第1項の規定の適用については、同項中「破産手続開始の原因となる事実があると認めるとき」とあるのは、「相続財産をもって相続債権者及び受遺者に対する債務を完済することができないと認めるとき」とする。

（破産手続開始の申立て）

第224条　相続財産については、相続債権者又は受遺者のほか、相続人、相続
　財産の管理人又は遺言執行者（相続財産の管理に必要な行為をする権利を有
　する遺言執行者に限る。以下この節において同じ。）も、破産手続開始の申
　立てをすることができる。

2　次の各号に掲げる者が相続財産について破産手続開始の申立てをするとき
　は、それぞれ当該各号に定める事実を疎明しなければならない。

　一　相続債権者又は受遺者　その有する債権の存在及び当該相続財産の破産
　　手続開始の原因となる事実

　二　相続人、相続財産の管理人又は遺言執行者　当該相続財産の破産手続開
　　始の原因となる事実

（破産手続開始の申立期間）

第225条　相続財産については、民法第941条第1項の規定により財産分離の請
　求をすることができる間に限り、破産手続開始の申立てをすることができる。
　ただし、限定承認又は財産分離があったときは、相続債権者及び受遺者に対
　する弁済が完了するまでの間も、破産手続開始の申立てをすることができる。

（破産手続開始の決定前の相続の開始）

第226条　裁判所は、破産手続開始の申立て後破産手続開始の決定前に債務者
　について相続が開始したときは、相続債権者、受遺者、相続人、相続財産の
　管理人又は遺言執行者の申立てにより、当該相続財産についてその破産手続
　を続行する旨の決定をすることができる。

2　前項に規定する続行の申立ては、相続が開始した後1月以内にしなければ
　ならない。

3　第1項に規定する破産手続は、前項の期間内に第1項に規定する続行の申
　立てがなかった場合はその期間が経過した時に、前項の期間内に第1項に規
　定する続行の申立てがあった場合で当該申立てを却下する裁判が確定したと
　きはその時に、それぞれ終了する。

4　第1項に規定する続行の申立てを却下する裁判に対しては、即時抗告をす

ることができる。

（破産手続開始の決定後の相続の開始）

第227条 裁判所は、破産手続開始の決定後に破産者について相続が開始したときは、当該相続財産についてその破産手続を続行する。

（限定承認又は財産分離の手続との関係）

第228条 相続財産についての破産手続開始の決定は、限定承認又は財産分離を妨げない。ただし、破産手続開始の決定の取消し若しくは破産手続廃止の決定が確定し、又は破産手続終結の決定があるまでの間は、限定承認又は財産分離の手続は、中止する。

（破産財団の範囲）

第229条 相続財産について破産手続開始の決定があった場合には、相続財産に属する一切の財産（日本国内にあるかどうかを問わない。）は、破産財団とする。この場合においては、被相続人が相続人に対して有していた権利は、消滅しなかったものとみなす。

2 相続人が相続財産の全部又は一部を処分した後に相続財産について破産手続開始の決定があったときは、相続人が反対給付について有する権利は、破産財団に属する。

3 前項に規定する場合において、相続人が既に同項の反対給付を受けているときは、相続人は、当該反対給付を破産財団に返還しなければならない。ただし、相続人が当該反対給付を受けた当時、破産手続開始の原因となる事実又は破産手続開始の申立てがあったことを知らなかったときは、その現に受けている利益を返還すれば足りる。

（相続人等の説明義務等）

第230条 相続財産について破産手続開始の決定があった場合には、次に掲げる者は、破産管財人若しくは債権者委員会の請求又は債権者集会の決議に基づく請求があったときは、破産に関し必要な説明をしなければならない。

一 被相続人の代理人であった者

二 相続人及びその代理人

三　相続財産の管理人及び遺言執行者

2　前項の規定は、同項第2号又は第3号に掲げる者であった者について準用する。

3　第37条及び第38条の規定は、相続財産について破産手続開始の決定があった場合における相続人並びにその法定代理人及び支配人について準用する。

（相続債権者及び受遺者の地位）

第231条　相続財産について破産手続開始の決定があった場合には、相続債権者及び受遺者は、相続人について破産手続開始の決定があったときでも、その債権の全額について破産手続に参加することができる。

2　相続財産について破産手続開始の決定があったときは、相続債権者の債権は、受遺者の債権に優先する。

（相続人の地位）

第232条　相続財産について破産手続開始の決定があった場合には、相続人が被相続人に対して有していた権利は、消滅しなかったものとみなす。この場合においては、相続人は、被相続人に対して有していた債権について、相続債権者と同一の権利を有する。

2　前項に規定する場合において、相続人が相続債権者に対して自己の固有財産をもって弁済その他の債務を消滅させる行為をしたときは、相続人は、その出えんの額の範囲内において、当該相続債権者が被相続人に対して有していた権利を行使することができる。

（相続人の債権者の地位）

第233条　相続財産について破産手続開始の決定があったときは、相続人の債権者は、破産債権者としてその権利を行使することができない。

（否認権に関する規定の適用関係）

第234条　相続財産について破産手続開始の決定があった場合における第6章第2節の規定の適用については、被相続人、相続人、相続財産の管理人又は遺言執行者が相続財産に関してした行為は、破産者がした行為とみなす。

（受遺者に対する担保の供与等の否認）

第235条　相続財産について破産手続開始の決定があった場合において、受遺者に対する担保の供与又は債務の消滅に関する行為がその債権に優先する債権を有する破産債権者を害するときは、当該行為を否認することができる。

2　第167条第2項の規定は、前項の行為が同項の規定により否認された場合について準用する。この場合において、同条第2項中「破産債権者を害すること」とあるのは、「第235条第1項の破産債権者を害すること」と読み替えるものとする。

（否認後の残余財産の分配等）

第236条　相続財産について破産手続開始の決定があった場合において、被相続人、相続人、相続財産の管理人又は遺言執行者が相続財産に関してした行為が否認されたときは、破産管財人は、相続債権者に弁済をした後、否認された行為の相手方にその権利の価額に応じて残余財産を分配しなければならない。

（破産債権者の同意による破産手続廃止の申立て）

第237条　相続財産の破産についての第218条第1項の申立ては、相続人がする。

2　相続人が数人あるときは、前項の申立ては、各相続人がすることができる。

受付印		**失 踪 宣 告 審 判 申 立 書**
		（収入印紙８００円分を貼ってください。）
収 入 印 紙　　　　円		
予納郵便切手　　　　円		（貼った印紙に押印しないでください。）

準口頭		関連事件番号　平成・令和　　　年（家　　　）第　　　　　　号

東京　家庭裁判所　　　御中　　令和　○○　年　○○　月　○○　日	申　立　人　[又は法定代理人 など]　の 記 名 押 印	東　山　一　郎　㊞

添付書類	不在者の戸籍謄本，戸籍附票各１通，生死不明を証する証明書・失踪を証明する資料 申立人の利害関係を証明する資料

申立人

	本　籍	東　京　⦿都・道・府・県　　　○○区○○町○丁目○番
	住　所	〒 ○○○ － ○○○○　　　　電話 ○○（○○○○）○○○○ 東京都○○区○○町○丁目○番○号　　　　　　（　　　方）
フリガナ 氏　名		ヒガシ　ヤマ　イチ　ロウ 東　山　一　郎　　　昭和・⦿平成○○年 ○ 月 ○ 日生
不在者 との関係		1　配偶者　　②　父母　　3　兄弟姉妹　　4　その他（　　　　　）

不在者

	本　籍	東　京　⦿都・道・府・県　　　○○区○○町○丁目○番
	従来の 住　所	〒 ○○○ － ○○○○　　　　電話（　　　） 東京都○○区○○町○丁目○番○号　　　　　　（　　　方）
フリガナ 氏　名		ヒガシ　ヤマ　タ　ロウ 東　山　太　郎　　　大正・⦿昭和・平成○○年 ○ 月 ○ 日生
生死不明 となった 年月日		昭和・⦿平成 ○ 年 ○ 月 ○ 日	生死不明 となった 場　所	○ ○ ○ ○

（注）太枠の中だけ記入してください。

失踪宣告（1／2）

申 立 て の 趣 旨
不在者に対し，失踪の宣告を求める。

申 立 て の 理 由
①　7年以上生死不明のため。 2　戦地に臨み，戦争の終了した後，1年以上生死不明のため。 3　乗った船が沈没し，その後，1年以上生死が不明のため。 4　死亡の原因となる危難に遭い，その危難が去った後1年以上生死が不明のため。 5　その他
（その具体的な実情の詳細）
1　申立人は，不在者の父です。
2　不在者は，平成○年○月○日の朝，平常どおり会社へ出勤し，同日夜8時ころ，仕事で帰りが遅くなるとの電話連絡がありましたが，帰宅しませんでした。 　申立人は，警察に捜索願いをするとともに，親戚，知人，友人に照会して不在者の行方を探しましたが，その所在は今日まで判明しません。
3　不在者が行方不明となって7年以上が経過し，その生死が不明であり，また，不在者が申立人のもとへ帰来する見込みもありませんので，申立ての趣旨のとおりの審判を求めます。

（注）太枠の中だけ記入してください。

資料4　推定相続人の廃除審判申立書（生前）例

	受付印	

家事審判申立書　事件名（　推定相続人廃除　）

（この欄に申立て1件あたり収入印紙800円分を貼ってください。）

印
紙

（貼った印紙に押印しないでください。）

| 収入印紙　　　　円 | |
| 予納郵便切手　　円 | |

東京　家庭裁判所 　　　　　　御 中 令和　○○年　○ 月　○ 日	申　立　人 （又は法定代理人など） の 記 名 押 印	**甲野　一郎**　㊞

添付書類	（審理のために必要な場合は，追加書類の提出をお願いすることがあります。） 申立人及び本人の戸籍謄本、申立書の写し、財産目録	準 口 頭

申立人	本籍（国籍）	（戸籍の添付が必要とされていない申立ての場合は，記入する必要はありません。） ○○ 都道府**県** ○○ 市 ○○ 町 ○ 番地
	住所	〒 ○○○ － ○○○○ 東京都 ○○ 区 ××× ○丁目○番○号 ハイツ○○　○○○ 号（　　　方）
	フリガナ 氏名	コウノ　イチ ロウ 甲野　一郎
		昭和 **平成** ○ 年 ○ 月 ○ 日生（　　○○　　歳）
相手方	本籍（国籍）	（戸籍の添付が必要とされていない申立ての場合は，記入する必要はありません。） ○○ 都道府**県** ○○ 市 ○○ 町 ○ 番地
	住所	〒 ○○○ － ○○○○ 東京都 ○○ 区 ××× ○丁目○番○号（　　　方）
	フリガナ 氏名	コウノ　ハナ コ 甲野　花子
		昭和 **平成** ○ 年 ○ 月 ○ 日生（　　○○　　歳）

（注）太枠の中だけ記入してください。

申　立　て　の　趣　旨
相手方が、申立人の推定相続人であることを廃除するとの審判を求めます。

申　立　て　の　理　由
1　相手方は、申立人の長女ですが、10年程前に離婚して以来、ギャンブル依存症
になり、申立人は、相手方のお金の使い方等を注意する都度、暴力を振るわれて
きました。相手方は、ギャンブル依存と申立人に対する暴力に加え、申立人名義
で借金をするなど非行を重ねています。
2　このような状況では、相手方に申立人の財産を相続させることはできませんの
で相手方を申立人の推定相続人から廃除するため、本申立てをしました。

※財産目録の記載は省略します。

資料5　遺言による推定相続人の廃除

（遺言による推定相続人の廃除審判申立書例）

受付印	家事審判申立書　事件名（　推定相続人廃除　）
	（この欄に申立て1件あたり収入印紙800円分を貼ってください。）
収入印紙　　　円 予納郵便切手　　　円	印紙 （貼った印紙に押印しないでください。）

東京　家庭裁判所　御中 令和 〇〇年 〇 月 〇 日	申　立　人 （又は法定代理人など） の 記 名 押 印	甲　野　一　郎　㊞

添付書類	（審理のために必要な場合は，追加書類の提出をお願いすることがあります。） 申立人及び被相続人の戸籍謄本，遺言書の写し	準 口 頭

		（戸籍の添付が必要とされていない申立ての場合は，記入する必要はありません。）
申立人	本籍（国籍）	〇〇 都道府県 〇〇 市 〇〇 町 〇 番地
	住所	〒 〇〇〇 － 〇〇〇〇　東京都 〇〇 区 ××× 〇丁目〇番〇号 ハイツ〇〇　〇〇〇 号　（　　方）
	フリガナ 氏名	オツ ノ イチ ロウ　乙 野 一 郎　昭和・平成 〇 年 〇 月 〇 日生（　〇〇　歳）
相手方	本籍（国籍）	〇〇 都道府県 〇〇 市 〇〇 町 〇 番地
	住所	〒 〇〇〇 － 〇〇〇〇　東京都 〇〇 区 ××× 〇丁目〇番〇号　（　　方）
	フリガナ 氏名	コウ ノ ハナ コ　甲 野 花 子　昭和・平成 〇 年 〇 月 〇 日生（　〇〇　歳）
被相続人	本籍（国籍）	〇〇 都道府県 〇〇 市 〇〇 町 〇 番地
	住所	〒 〇〇〇 － 〇〇〇〇　東京都 〇〇 区 ××× 〇丁目〇番〇号　（　　方）
	フリガナ 氏名	コウ ノ イチ ロウ　甲 野 一 郎　昭和・平成 〇 年 〇 〇 日死亡

（注）太枠の中だけ記入してください。

申　立　て　の　趣　旨
相手方が被相続人の推定相続人であることを廃除するとの審判を求めます。

申　立　て　の　理　由
1　相手方は、被相続人の長女であり、推定相続人です。
2　被相続人は、令和〇年〇月〇日死亡し、相続が開始しました。
3　被相続人は、令和〇年〇月〇日付公正証書遺言をしました。この遺言には、被相続人が相手方から度重なる暴力を受けたことから相手方を推定相続人から廃除する旨の記載があります。
4　申立人は、この遺言にて遺言執行者に指定されており、令和〇年〇月〇日、その就任を承諾しました。
5　この遺言は、被相続人の死亡によりその効力が生じたので、本申立てをします。

資料6　推定相続人の廃除取消し審判申立書（生前）例

受付印	家事審判申立書　事件名（ 推定相続人廃除審判の取消し ）
	（この欄に申立て1件あたり収入印紙800円分を貼ってください。）
	印 紙
	（貼った印紙に押印しないでください。）

収 入 印 紙	円
予納郵便切手	円

東京 家 庭 裁 判 所 御 中 令和 〇〇年 〇 月 〇 日	申 立 人 （又は法定代理人など） の 記 名 押 印	甲 野 一 郎 ㊞

	（審理のために必要な場合は，追加書類の提出をお願いすることがあります。）	準 口 頭
添 付 書 類	相手方の戸籍謄本、申立人の戸籍謄本、推定相続人廃除審判書謄本	

申 立 人	本　籍 (国　籍)	（戸籍の添付が必要とされていない申立ての場合は，記入する必要はありません。） 〇〇 都 道 府 県 〇〇 市 〇〇 町 〇 番地
	住　所	〒 〇〇〇 － 〇〇〇〇 東京都 〇〇 区 ××× 〇丁目〇番〇号 ハイツ〇〇　〇〇〇 号 （　　　方）
	フリガナ 氏　名	コ ウ ノ　イ チ ロ ウ 甲 野 一 郎	昭和 平成 〇 年 〇 月 〇 日生 （　　〇〇　　歳）
相 手 方	本　籍 (国　籍)	（戸籍の添付が必要とされていない申立ての場合は，記入する必要はありません。） 〇〇 都 道 府 県 〇〇 市 〇〇 町 〇 番地
	住　所	〒 〇〇〇 － 〇〇〇〇 東京都 〇〇 区 ××× 〇丁目〇番〇号 （　　　方）
	フリガナ 氏　名	コ ウ ノ　ハ ナ コ 甲 野 花 子	昭和 平成 〇 年 〇 月 〇 日生 （　　〇〇　　歳）

（注）太枠の中だけ記入してください。

申　立　て　の　趣　旨
東京家庭裁判所が、令和〇年〇月〇日、相手方に対してなした申立人の推定相続人排除の審判の取消しの審判を求めます。

申　立　て　の　理　由
1　相手方は、申立人の長女です。
2　相手方は、令和〇年〇月〇日、御庁において推定相続人廃除の審判により、申立人の相続権を喪失した者です。
3　相手方は、廃除審判を受けた当時は、仕事に就かず、ギャンブルと多額の借金で申立人に迷惑をかけ、家庭内暴力で申立人に暴力を振るい、御庁で令和〇年〇月〇日、推定相続人廃除の審判を受けました。
4　相手方は、審判を受けて10年が経過し、家庭をもうけ、職に就いて真面目に生活しているとのことでした。
5　申立人は現在高齢の上、自宅療養中です。申立人は生存中に本人の相続権を回復させたく、本申立てをします。

資料7　遺言による推定相続人の廃除の取消し

（遺言による推定相続人の廃除取消し審判申立書例）

受付印	家事審判申立書　事件名（　推定相続人廃除の取消し　）

（この欄に申立て1件あたり収入印紙800円分を貼ってください。）

印紙

（貼った印紙に押印しないでください。）

| 収入印紙　　　　円 |
| 予納郵便切手　　円 |

東京　家庭裁判所　　　　御中　令和〇〇年〇月〇日	申立人（又は法定代理人など）の記名押印	甲野　一郎　㊞

（審理のために必要な場合は，追加書類の提出をお願いすることがあります。）

添付書類　相手方及び被相続人の戸籍謄本、遺言書の写し、推定相続人廃除審判書謄本

準　口頭

	本籍（国籍）	(戸籍の添付が必要とされていない申立ての場合は，記入する必要はありません。)　　都道府県
申立人	住所	〒〇〇〇－〇〇〇〇　東京都〇〇区×××〇丁目〇番〇号 ハイツ〇〇　〇〇〇号（　　方）
	フリガナ 氏名	オツ ノ イチ ロウ　乙野一郎　昭和・平成〇年〇月〇日生（〇〇歳）
相手方	本籍（国籍）	〇〇都道府県 〇〇市〇〇町〇番地
	住所	〒〇〇〇－〇〇〇〇　東京都〇〇区×××〇丁目〇番〇号（　　方）
	フリガナ 氏名	コウ ノ ハナ コ　甲野花子　昭和・平成〇年〇月〇日生（〇〇歳）
被相続人	本籍（国籍）	〇〇都道府県 〇〇市〇〇町〇番地
	住所	〒〇〇〇－〇〇〇〇　東京都〇〇区×××〇丁目〇番〇号（　　方）
	フリガナ 氏名	コウ ノ イチ ロウ　甲野一郎　昭和・平成〇年〇月〇日死亡

（注）太枠の中だけ記入してください。

申　立　て　の　趣　旨
東京家庭裁判所が、令和〇年〇月〇日、相手方に対してなした被相続人の推定相続人廃除の審判の取消しの審判を求めます。

申　立　て　の　理　由
1　相手方は、令和〇年〇月〇日、御庁において推定相続人廃除の審判により、被相続人の相続権を喪失した者です。
2　被相続人は、令和〇年〇月〇日死亡し、相続が開始しました。
3　被相続人には、令和〇年〇月〇日付公正証書遺言があり、相手方に対する推定相続人の廃除を取り消す旨と遺言執行者として申立人を選任する旨の記載がありました。
4　よって、推定相続人廃除の取消しを求めます。

資料8　相続分譲渡証書例

相続分譲渡証書

　譲渡人○○○○（以下、「甲」という。）は、譲受人○○○○（以下、「乙」という。）に対し、本日、被相続人○○○○（本籍　○○県○○市○町○番地）の相続について、甲の相続分全部を譲渡し、乙はこれを譲り受けた。

令和○年○月○日

（甲）住所　○○県○○市○町○番地　（乙）住所　○○県○○市○町○番地
　　氏名　　　○○○○　　㊞　　　　　　氏名　　　○○○○　　　　㊞

資料9　相続分放棄証書例

相続分放棄証書

　私は、本日、被相続人○○○○（本籍　○○県○○市○町○番地）の相続について、一切の遺産に関する私の相続分を全部放棄します。

令和○年○月○日
　　　　　住所　○○県○○市○町○番地
　　　　　氏名　　　○○○○　　　　㊞

資料10 寄与分を定める請求調停申立書例（東京家庭裁判所HPより）

<u>この申立書の写しは，法律の定めるところにより，申立ての内容を知らせるため，相手方に送付されます。</u>

受付印	寄与分を定める処分	☑ 調停 □ 審判	申 立 書

（この欄に申立人1名につき収入印紙1,200円分を貼ってください。）

印紙

収 入 印 紙	円
予納郵便切手	円

（貼った印紙に押印しないでください。）

東 京 家 庭 裁 判 所　御中 令和　　年　　月　　日	申 立 人 （法定代理人など） の 記 名 押 印	乙 川 春 子　㊞

添付書類	（審理のために必要な場合は，追加書類の提出をお願いすることがあります。） ☑ 戸籍（除籍・改製原戸籍）謄本（全部事項証明書）合計　●　通 ☑ 住民票又は戸籍附票　合計　●　通	準 口 頭

当 事 者	別紙当事者目録記載のとおり		
被相続人	本 籍 （国籍）	○○ 都道府県 ○○市 ○○町 ○○番地	
	最 後 の 住 所	○○ 都道府県 ○○市 ○○町 ○○番地	
	フリガナ	コウノ　タロウ	昭和 平成 令和 ○○年○月○日 死亡
	氏 名	甲 野　太 郎	

申立人	本 籍 （国籍）	○○ 都道府県 ○○市 ○○町 ○○番地	
	住 所	〒000－0000 東京都 千代田区 霞が関 1丁目 1番 2号（　　　方）	
	フリガナ	オツカワ　ハルコ	大正 昭和 平成 ○○年○月○日生
	氏 名	乙 川　春 子	
	被相続人 との続柄	長女	

（注）太枠の中だけ記入してください。　□の部分は該当するものにチェックしてください。

寄与分（　／　）

この申立書の写しは，法律の定めるところにより，申立ての内容を知らせるため，相手方に送付されます。

申　立　て　の　趣　旨
申立人の寄与分を定める調停を求める。

申　立　て　の　理　由
1　申立人は，被相続人甲野太郎（平成〇年〇月〇日死亡）の被相続人長男であり，相手方乙川春子は，被相続人の長女です。
被相続人は，精密機器の部品を製造する工場を経営していました。
2　申立人は，昭和〇〇年3月に高校を卒業すると同時に，被相続人の希望もあり，被相続人の経営する工場を無給で手伝うようになりました。
当初，部品の製造作業のみを担当していましたが，平成〇年〇月ころからは，営業を担当するようになるとともに経営にも関与するようになりました。
3　その結果，工場（会社）の取引先も広がり，売上げも大きく伸びました。またこの間，申立人は被相続人と同居し生活をともにしてきました。
4　そこで，申立人は，相手方に対し，被相続人の遺産分割協議の際，前記労務の提供による被相続人の財産の増加，維持に対する申立人の寄与を主張しましたが，相手方はこれに応じないため，本申立てをします。
以　上

寄与分（　／　）

資料11 特別の寄与に関する処分請求調停申立書例（東京家庭裁判所HPより）

この申立書の写しは，法律の定めるところにより，申立ての内容を知らせるため，相手方に送付されます。

受付印	☑ 調停
	家事　　　　**申立書 事件名**（**特別の寄与に関する処分**）
	☐ 審判

（この欄に申立て1件あたり収入印紙1,200円分を貼ってください。）

印 紙

（貼った印紙に押印しないでください。）

収 入 印 紙　　　　　　円
予納郵便切手　　　　　　円

○　○　家 庭 裁 判 所	申 立 人	
御 中	（又は法定代理人など）	甲 野 花 子　　㊞
令和 ○ 年 ○ 月 ○ 日	の 記 名 押 印	

添 付 書 類	（審理のために必要な場合は，追加書類の提出をお願いすることがあります。） 戸籍（除籍・改正原戸籍）謄本・全部事項証明書　○通	準 ☐ 口 頭

申	本　　籍 （国　籍）	都 道 府 県	※1
立	住 所	〒 ○○○ － ○○○○ **○○県○○市○○町○番○号**	（　　　　　方）
人	フリガナ 氏 名	コウノ　　ハナコ **甲　野　花　子**	大正 ㊐昭和 ○ 年 ○ 月 ○ 日生 平成 令和　（　　○　　歳）
相	本　　籍 （国　籍）	都 道 府 県	※1
手	住 所	〒 ○○○ － ○○○○ **東京都○○区○○町○番○号**	（　　　　　方）
方	フリガナ 氏 名	コウノ　　ジロウ **甲　野　二　郎**	大正 ㊐昭和 ○ 年 ○ 月 ○ 日生 平成 令和　（　　○　　歳）

（注）太枠の中だけ記入してください。

※1　本申立てについては，本籍の記入は不要です。

別表第二，調停（1／3）

※ 相 手 方	本　籍	都　道府　県	※1
	住　所	〒 〇〇〇 － 〇〇〇〇東京都〇〇区〇〇町〇番〇号　　　　　　　　　　　　　　　　　（　　　　　　方）	
	フリガナ氏　名	コ ウ ノ　　　サ ブ ロ ウ甲　　野　　三　　郎	大正昭和 〇 年 〇 月 〇 日生平成令和　　　（　　〇　　歳）
※ 被 相 続 人	本　籍	都　道府　県	※1
	最後の住　所	〒 〇〇〇 － 〇〇〇〇〇〇県〇〇市〇〇町〇番〇号　　　　　　　　　　　　　　　　　（　　　　　　方）	
	フリガナ氏　名	コ ウ ノ　　　ハ ル コ甲　　野　　春　　子	大正昭和 〇 年 〇 月 〇 日生 **死亡**平成令和　　　（　　　　歳）
※	本　籍	都　道府　県	
	住　所	〒　　　　－　　　　　　　　　　　　　　　　　（　　　　　　方）	
	フリガナ氏　名		大正昭和　　　年　　　月　　　日生平成令和　　　（　　　　歳）
※	本　籍	都　道府　県	
	住　所	〒　　　　－　　　　　　　　　　　　　　　　　（　　　　　　方）	
	フリガナ氏　名		大正昭和　　　年　　　月　　　日生平成令和　　　（　　　　歳）

（注）　太枠の中だけ記入してください。※の部分は，申立人，相手方，法定代理人，不在者，共同相続人，被相続人等の区別を記入してください。

この申立書の写しは，法律の定めるところにより，申立ての内容を知らせるため，相手方に送付されます。

申　立　て　の　趣　旨
相手方らは，申立人に対し，特別寄与料として，それぞれ相当額を支払うとの調停を求めます。

申　立　て　の　理　由
申立人は，被相続人甲野春子の長男甲野太郎の妻であり，相手方甲野二郎は二男，甲野三郎は三男になります。
申立人は，甲野太郎と婚姻すると同時に，被相続人の希望もあったことから，甲野太郎とともに被相続人と同居を開始しました。
被相続人は，平成〇年〇月ころから，寝たきりの状態になり，家族による介護が必要になったため，申立人は，当時，勤めていた会社を退社し，同月〇日から被相続人が亡くなるまでの間，無償で，被相続人の療養看護を行ってきました。
被相続人は令和〇年〇月〇日に死亡し，申立人は，同日，相続が開始したこと，相手方らが相続人であることを知りました。
そこで，申立人は，相手方らに対し，療養看護をしたことによる被相続人の財産の維持，増加に対する申立人の特別の寄与を主張し，特別寄与料として，それぞれ相当額を支払うよう相手方らに協議を申し入れましたが，相手方らはこれに応じないため，本申立てをします。

別表第二，調停（３／３）

資料12　遺産分割協議書例

遺産分割協議書

被相続人　〇〇〇〇

　　　　　　（令和〇年〇月〇日死亡）

　最後の住所　　　〇〇県〇〇市〇町〇番地

　最後の本籍　　　〇〇県〇〇市〇町〇番地

　登記簿上の住所　〇〇県〇〇市〇町〇番地

の遺産について、同人の相続人において分割協議を行った結果、次のとおり決定した。

1．〇〇〇〇　が取得する遺産

　⑴土地

　　　　所　　在　〇〇市〇〇町

　　　　地　　番　〇番

　　　　地　　目　宅地

　　　　地　　積　〇〇〇．〇〇㎡

　⑵建物

　　　　所　　在　〇〇市〇〇町〇番地

　　　　家屋番号　〇番

　　　　種　　類　居宅

　　　　構　　造　木造瓦葺2階建

　　　　床 面 積　1階　〇〇．〇〇㎡

　　　　　　　　　2階　〇〇．〇〇㎡

2．△△△△　が取得する遺産

(1)預金

　　　　○○銀行○○支店　普通預金　口座番号○○○○

(2)株式

　　　　○○株式会社（本店所在地　○○県○○市○○町○番地）　普

　　通株式　○株

以上のとおり、相続人全員による遺産分割協議が成立したので、これを証するため本書を作成し、記名押印する。

令和○年○月○日

（住　所）

（氏　名）　　　　　　　　　　㊞

（住　所）

（氏　名）　　　　　　　　　　㊞

資料13　遺産分割調停申立書例（東京家庭裁判所HPより）

○　遺産分割審判・調停申立書　記入例

この申立書の写しは、法律の定めにより、申立ての内容を知らせるため、相手方に送付されます。

| 申立書を提出する裁判所　　　　受付印 | 遺産分割 | ☑ 調停 | 申立書 |
| | | □ 審判 | |

作成年月日

収入印紙　　　　　　円	（この欄に申立て1件あたり収入印紙1,200円分を貼ってください。）
予納郵便切手　　　　円	印 紙
	（貼った印紙に押印しないでください。）

○　○　　家庭裁判所 御中	申　立　人（又は法定代理人など）の記名押印　　乙　野　春　子　㊞
令和○年○月○日	

| 添付書類 | （審理のために必要な場合は、追加書類の提出をお願いすることがあります。）
☑ 戸籍（除籍・改製原戸籍）謄本（全部事項証明書）　合計○通
☑ 住民票又は戸籍附票 合計○通　　☑ 不動産登記事項証明書 合計○通
☑ 固定資産評価証明書 合計○通　　☑ 預貯金通帳写し又は残高証明書 合計○通
☑ 有価証券写し 合計○通　　　　　□ | 準 口 頭 |

当　事　者	別紙当事者目録記載のとおり		
被相続人	最後の住所	○○　都道府県　○○市○○町○番○号	
	フリガナ 氏　名	コウヤマ　タロウ 甲　山　太　郎	平成 （令和）○年○月○日死亡

申　立　て　の　趣　旨

☑　被相続人の遺産の全部の分割の（☑ 調停 ／ □ 審判）を求める。

□　被相続人の遺産のうち、別紙遺産目録記載の次の遺産の分割の（□ 調停 ／ □ 審判）を求める。※1
　　【土地】..【建物】..
　　【現金、預・貯金、株式等】..

申　立　て　の　理　由

遺産の種類及び内容	別紙遺産目録記載のとおり		
特　別　受　益 ※2	☑ 有　／	□ 無　／	□不明
事前の遺産の一部分割 ※3	☑ 有　／	□ 無　／	□不明
事前の預貯金債権の行使 ※4	☑ 有　／	□ 無　／	□不明
申　立　て　の　動　機	☑ 分割の方法が決まらない。 □ 相続人の資格に争いがある。 □ 遺産の範囲に争いがある。 □ その他（　　　　　　　　　　　　　　　　）		

(注)　太枠の中だけ記入してください。□の部分は該当するものにチェックしてください。
　※1　一部の分割を求める場合は、分割の対象とする遺産を遺産目録記載の番号を記入してください。
　※2　被相続人から生前に贈与を受けている等特別な利益を受けている者の有無を選択してください。「有」を選択した場合には、遺産目録のほかに、特別受益目録を作成の上、別紙として添付してください。
　※3　この申立てまでにした被相続人の遺産の一部分割の有無を選択してください。「有」を選択した場合には、遺産目録のほかに、分割済遺産目録を作成の上、別紙として添付してください。
　※4　相続開始時からこの申立てまでに各共同相続人が民法909条の2に基づいて単独でした預貯金債権の行使の有無を選択してください。「有」を選択した場合には、遺産目録【現金、預・貯金、株式等】に記載されている当該預貯金債権の欄の備考欄に権利行使の内容を記入してください。

遺産(1/　　)

○ **当事者目録 記入例**

申立書の写しは相手方に送付されますので，あらかじめご了承ください。

この申立書の写しは，法律の定めにより，申立ての内容を知らせるため，相手方に送付されます。

当 事 者 目 録

☑ □ 相 申 手 立 方 人	住 所	〒 ○○○ −○○○○　　　　　　　　　　　　　　　　　　　　○○アパート○号 ○○県○○市○○町○番○号　　　　　　（　　　　　　　方）
	フリガナ 氏　名	オツノ　ハルコ 乙 野 春 子	大正 昭和 平成 令和 ○ 年 ○ 月 ○ 日生 （　○○　歳）
	被相続人 との続柄	長　女
□ ☑ 相 申 手 立 方 人	住 所	〒 ○○○ −○○○○ 東京都○○区○○町○番○号　　　　　　（　　　　　　　方）
	フリガナ 氏　名	コウヤマ　ハナコ 甲 山 花 子	大正 昭和 平成 令和 ○ 年 ○ 月 ○ 日生 （　○○　歳）
	被相続人 との続柄	妻
□ ☑ 相 申 手 立 方 人	住 所	〒 ○○○ −○○○○　　　　　　　　　　　　　　　　　　　○○ハイツ１０１ 東京都○○区○○町○番○号　　　　　　（　　　　　　　方）
	フリガナ 氏　名	コウヤマ　ナツオ 甲 山 夏 夫	大正 昭和 平成 令和 ○ 年 ○ 月 ○ 日生 （　○○　歳）
	被相続人 との続柄	長　男

した上，該当する当事者全員を記入してください。

申立人と相手方（申立人以外の共同相続人全員）の区別を明らかに

ご不明な点があれば，申立書を提出される裁判所にお問い合わせください。

裁判所から連絡をとれるように正確に記入してください。

○ 特別受益目録 記入例

被相続人から生前に贈与をうけている等，特別な利益を得ている者がいる場合には，遺産目録のほかに，「特別受益目録」を作成してください。

遺　産　目　録　（☑特別受益目録，　□分割済遺産目録）

【現金，預・貯金，株式等】

生前贈与等の内容を端的に記載してください。

番号	品　　　　　目	単位	数量（金額）	備　　考
1	平成〇年〇月頃の自宅購入資金		5,000,000円	相手方甲山夏夫

生前贈与等を受けた相続人の氏名を記載してください。

○ 分割済遺産目録 記入例

この申立てまでに，被相続人の遺産の一部の分割をしている場合には，遺産目録のほかに，「分割済遺産目録」を作成してください。

遺　産　目　録　（□特別受益目録，☑分割済遺産目録）

【建　物】

番号	所　　　　　在	家屋番号	種類	構　　造	床　面　積		備　考
1	（区分所有建物）〇〇県〇〇市〇〇町〇番〇号　〇〇ハイツ	101	居宅	鉄筋コンクリート造1階建	平方メートル 1階部分 65	00	相手方甲山花子が取得

遺産を取得した相続人の氏名を記載してください。

遺産目録の記載例

遺産目録に掲載すべき遺産のうち，以下の遺産については，記載例を作成し，記載方法等を説明していますので，これらを参考にして，遺産目録を作成してください。

土地	記載例 1
借地権	記載例 2
建物	記載例 3
未登記建物	記載例 4
区分所有建物	記載例 5
現金	記載例 6
預・貯金	記載例 7
株式	記載例 8
投資信託	記載例 9
国債	記載例 10
出資金	記載例 11

記載例 1 (土地)

【土　地】

番号	所　　在	地　番	地　目	地　積	備　考
1	○○区○○1丁目	○番○	宅地	平方メートル 200	建物1の敷地
2	○○県○○市○○1丁目	○番○	畑（現況宅地）	480 32（現況）493 86	被相続人持分2／3，申立人持分1／3

※　土地1筆ごとに番号を付けてください。

※　所在欄，地番欄，地目欄，地積欄は，**登記事項証明書の記載のとおり**に記載してください。

※　地目，地積について，**現況**が登記事項証明書の記載と異なるときは，**固定資産評価証明書等を参照しながら**，現況をかっこ書きで記載してください。

　　（例）地目欄：「(現況　宅地)」　地積欄：「(現況○○平方メートル)」

※　備考欄には次の事項を記載してください。

　○　**土地上の建物も遺産である場合**は，遺産目録【建物】の番号とその敷地である旨の記載

　　（例）「建物1の敷地」

　○　**土地の利用状況**（土地上の建物の所有者，賃貸の状況など）

　　（例）「相手方E所有建物の敷地」「貸駐車場」「Eに賃貸」

　○　**共有の場合**は，被相続人の持分割合，他の共有者の氏名及び持分割合

　　（例）「被相続人 2/3，A 1/3」

　○　**被相続人以外の者が登記名義人である場合や相続登記をしている場合**は，登記名義人の氏名，相続登記である旨，相続人の持分割合

（例）「登記名義人A」「相続登記　申立人1/2 相手方1/2」

記載例2 （借地権）

　借地権も遺産となりますので，被相続人が土地を賃借して自宅を建てていたような場合などは，敷地の登記事項証明書及び賃貸借契約書を確認のうえ，遺産目録【土地】に借地権を記載してください。

【土　　地】

番号	所　　　　在	地　番	地目	地　積		備　考
1	借地権 （借地の表示） ○○区○○1丁目	○　○	宅地	5 5 0　3 2 借地部分 3 7 8　4 5		建物2の 敷地

※　所在欄に「借地権」「（借地の表示）」と記載した上，**登記事項証明書の記載のとおり**に所在欄，地番欄，地目欄，地積欄を記載してください。

※　借地部分が1筆の土地の一部である場合は，地積欄に，「借地部分」と記載した上で，借地面積（賃貸借契約書に記載されている面積等）を記載してください。

※　備考欄には次の事項を記載してください。

　　○　**土地上の建物について**，遺産目録【建物】の番号とその敷地である旨の記載

　　　　（例）「建物1の敷地」

　　○　**土地の利用状況**（土地上の建物の所有者，転貸の状況など）

　　　　（例）「相手方E所有建物の敷地」「貸駐車場」「Eに転貸」

記載例3 （建物）

【建　　物】

番号	所　　　　在	家屋番号	種類	構　造	床　面　積		備　考
1	○○区○○1丁目1番地1	1番1	居宅	木造瓦葺平家建 （現況　2階建）	平方メートル 9 0 （現況） 2階部分 6 0　4 4		申立人居住 敷地は土地1
2	○○区○○1丁目1番地1	1番1	共同住宅	鉄骨造陸屋根 2階建	1階320　4 7 2階480　7 3		貸アパート 敷地利用権は土地3の借地権

※　建物1棟ごとに番号を付けてください。

※　所在欄，家屋番号欄，種類欄，構造欄，床面積欄は，**登記事項証明書の記載のとおり**に記載してください。

※　構造，床面積について，**現況**が登記事項証明書の記載と異なるときは，**固定資産評価証明書等を参照しながら**，現況をかっこ書きで記載してください。

　　　（例）構造欄：「（現況　2階建）」　床面積欄：「（現況　○○平方メートル）」

※　備考欄には次の事項を記載してください。

○ **建物の敷地や借地権も遺産である場合**は，遺産目録【土地】の番号と敷地である旨の記載
（例）「敷地は土地１，２」「敷地利用権は借地権３」

○ 建物の敷地が相続人等の所有で敷地利用権について明示の契約がない場合等は**敷地の所有者名**
（例）「敷地は相手方Ｅ所有」

○ **建物の利用状況**（居住者の氏名，賃貸の状況など）
（例）「相手方居住」，「Ｅに賃貸」

○ **共有の場合**は，被相続人の持分割合，他の共有者の氏名及び持分割合
（例）「被相続人 2/3，A 1/3」

○ **被相続人以外の者が登記名義人である場合や相続登記している場合**は，登記名義人の氏名，相続登記である旨，相続人の持分割合
（例）「登記名義人A」「相続登記　申立人1/2 相手方1/2」

記載例４ （未登記建物）

【建 物】

番号	所　　　在	家屋番号	種類	構　造	床面積		備考
1	（未登記建物） ○○県○○市○○１丁目２－３		居宅	木造亜鉛メッキ鋼板葺平家建	３２	４６	敷地は相手方所有

※ 所在欄に「（未登記建物）」と記載した上で，**固定資産評価証明書の記載のとおり**に，所在欄，種類欄，構造欄，床面積欄を記載してください。固定資産評価証明書にも掲載されていない場合は，建築図面等に基づき，できるだけ正確に，所在欄，種類欄，構造欄，床面積欄を記載してください。

※ 備考欄の記載は，記載例３を参照してください。

記載例５ （区分所有建物）

【建 物】

番号	所　　　在	家屋番号	種類	構　造	床面積		備考
1	（区分所有建物） ○○区○○１丁目１番地１ 第一ハイツ	１０１	居宅	鉄筋コンクリート造１階建	1階部分 ９８	２２	

※ マンションなどの区分所有建物の場合は，以下のとおり，登記事項証明書中の，次の各欄に記載されている事項を記載してください。

○ 所在欄
「（区分所有建物）」と記載したうえ，「【表題部】**（一棟の建物の表示）**」に記載されている**所在と建物の名称**

○ 家屋番号欄
「【表題部】**（専有部分の建物の表示）**」に記載されている**建物の名称**

（家屋番号ではありませんので，よくご確認ください。）

○　種類欄

「【表題部】**（専有部分の建物の表示）**」に記載されている**種類**

○　構造欄

「【表題部】**（専有部分の建物の表示）**」に記載されている**構造**

○　床面積欄

「【表題部】**（専有部分の建物の表示）**」に記載されている**床面積**

（**階数**も必ず記載するようにしてください。）

☆　「【表題部】（専有部分の建物の表示）」の下部に**「【表題部】（敷地権の表示）」の記載がない場合**は，区分所有建物についてなされた登記の効力が，その敷地の共有持分には及びません。この場合には，敷地の共有持分を，区分所有建物とは別個に遺産として目録に記載する必要がありますので，**敷地の登記事項証明書**を確認したうえ，敷地について，記載例1のとおり，遺産目録【土地】に記載し，その備考欄に「建物○の敷地」と記載し，さらに区分所有建物の備考欄にも「敷地は土地○」と記載してください。

記載例6（現金）

【現金，預・貯金，株式等】

番号	品　　　　目	単位	数量（金額）	備　　考
1	現金		４２４，５３４円	相手方E保管
2	現金（○○銀行預金払戻金）		１，２５０，０００円	申立人保管

※　品目欄に「現金」と記載してください。

※　備考欄に，必ず**保管者**を記載してください。

※　相続開始後に預金を払い戻すなどして現金化し，申立時点において保管されている現金がある場合には，現金として記載したうえ，本来の財産の内容をかっこ書きで明らかにしてください。

（例）「現金（○○銀行預金払戻金）」「現金（○○還付金）」

記載例7（預・貯金）

【現金，預・貯金，株式等】

番号	品　　　　目	単位	数量（金額）	備　　考
1	○○銀行○○支店　定期預金（口座番号○○○－○○○○）		３，１０４，０００円（令和○年○月○日残高）	通帳は申立人保管

2	ゆうちょ銀行　定額貯金 （記号番号〇〇〇－〇〇〇〇）	1，035，000円 （相続開始時）	通帳は相手方保管 現在額は不明
3	〇〇銀行〇〇支店　普通預金 （口座番号〇〇〇〇〇〇）	3，000，000円 （令和〇年〇月〇日残高）	通帳の保管者は不明 相続開始後，本件申立て前に預貯金債権の単独行使により相手方が５０万円取得
4	〇〇銀行〇〇支店　普通預金 （口座番号〇〇〇〇〇〇）	1，000，000円 （令和〇年〇月〇日残高）	通帳の保管者は不明 相続開始後，本件申立て前に相手方が５０万円払戻し

※　品目欄に，**銀行名，支店名**（ゆうちょ銀行の場合は不要です。），**預金・貯金の種類**（普通預金や定期預金などの区別），**口座番号又は記号番号**を，数量（金額）欄に残高を記載してください。

※　外貨預金も預金として記載してください。外貨建てＭＭＦは投資信託として記載してください。

※　数量（金額）欄には，通帳を記帳したり金融機関から残高証明書を取得したりするなどして，番号１，番号３，番号４のように，申立て直近の残高を記載し，金額の下に「令和〇年〇月〇日残高」と記載してください。通帳を相手方が保管していて記帳等ができない場合に限って，番号２のように相続開始時の残高を記載し，金額の下に「相続開始時」と記載することで構いませんが，必ず備考欄に「現在額は不明」と付記してください。

※　備考欄には，**通帳や証書の保管者**を記載してください。

　　（例）「通帳は相手方Ｅ保管」「証書の保管者は不明」

　　被相続人の死後，本件申立て前に民法９０９条の２に基づいて単独で預貯金債権を行使した共同相続人がいるときは，番号３のように，その行使者と払戻金の合計額を記載してください。

　　被相続人の死後，本件申立て前に払い戻された（処分された）預貯金で，民法９０６条の２に基づいて遺産とみなすものは，番号４のように，その払戻しをした者（処分者）と払戻金の合計額を記載してください。

記載例8 （株式）

　　株式には，上場株式と非上場株式があります。上場株式とは，東京証券取引所などで取引が行われる株式で，新聞などで株価が確認できる株式です。上場株式以外のものは，すべて非上場株式となります。

【現金，預・貯金，株式等】

番号	品　　　目	単　位	数　量　（金　額）	備　　考
1	〇〇株式会社　株式	４９円	８，０００株	〇〇証券〇〇支店扱い 令和〇年〇月〇日終値
2	株式会社△△　株式	３５３円	３００株	保振制度手続未了 令和〇年〇月〇日終値
3	××株式会社　株式 （代表取締役　申立人）		１，２００株	株券は申立人保管

※　**上場株式**は，品目欄に**株式会社名**と**「株式」**，単位欄に**1株当たりの株価（その株式の売買単位ではありませんので，ご注意ください。）** を記載し，数量（金額）欄に株式数を記載してください。

※　上場株式については，備考欄に次の事項を記載してください。

　○　**取扱証券会社名と支店名**

　　（例）　「〇〇証券〇〇支店扱い」

　○　株券電子化以降に証券保管振替機構に対する預託手続がまだ行われていない場合

　　（例）　**「保振制度手続未了」**

　○　株価の基準時

　　　申立て直近の日の終値を記載してください。　　（例）　「令和〇年〇月〇日終値」

※　**非上場株式**は，品目欄に**会社名**と**「株式」** のほか，**相続人やその親族が代表者の場合は** かっこ書きで**代表取締役の氏名等**の記載を，数量（金額）欄に株式数を記載してください。単価欄は記載する必要はありません

※　相続人が株券を保管しているときは，その旨を備考欄に記載してください。

　　（例）　「株券は相手方Ｅ保管」

※　旧有限会社（特例有限会社）の出資持分も，非上場株式に準じて株式に記載してください。

記載例9　（投資信託）

【現金，預・貯金，株式等】

番号	品　　　目	単　位	数　量　（金　額）	備　　考
1	（投資信託） 　〇〇証券〇〇支店 　ＭＭＦ （契約番号　〇〇〇-〇〇〇〇）	１円	８，５４３口 （令和〇年〇月〇日残高）	

※　品目欄に「（投資信託）」と記載した上，**取扱証券会社名と支店名，商品の名称，契約番号**を，単位欄に1口あたりの金額を，数量（金額）欄に口数を記載してください。

※　数量（金額）欄には，取扱証券会社から残高証明書を取得するなどして，申立て直近の口数を記載してください（記載例7の預・貯金を参照して，同じように記載してください。）。

記載例 10 （国債）

【現金，預・貯金，株式等】

番号	品　　　目	単　位	数　量　（金　額）	備　　考
1	（国債） △△銀行〇〇支店取扱い 利付国債１０年第５２４回	額　面 10万円	４口	

※　品目欄に「(国債)」と記載した上，**取扱金融機関名と支店名**，**国債の種類・発行回数**（たとえば，利付国債１０年第〇〇回など）を記載し，単位欄に額面金額を，数量（金額）欄に口数を記載してください。

記載例 11 （出資金）

【現金，預・貯金，株式等】

番号	品　　　目	単　位	数　量　（金　額）	備　　考
1	（出資金） 〇〇信用金庫〇〇支店	1万円	２口	

※　品目欄に「(出資金)」と記載した上，出資先の**金融機関名**と**支店名**を記載し，単位欄に１口あたりの出資金額を，数量（金額）欄に出資口数を記載してください。

資料14　自筆証書遺言書例

遺　言　書

遺言者〇〇〇〇は、次のとおり遺言する。

1．妻〇〇〇〇（昭和〇年〇月〇日生）に、〇〇県〇〇市〇〇町〇番の土地を相続させる。

2．長男〇〇〇〇（平成〇年〇月〇日生）に、〇〇県〇〇市〇〇町△番の土地を相続させる。

3．遺言者は、前記1及び2に記載の財産を除く遺言者の有する不動産、預貯金、現金その他一切の財産を長女（平成〇年〇月〇日生）に相続させる。

令和〇年〇月〇日

　　　住所　〇〇県〇〇市〇〇町〇番地
　　　遺言者　〇〇〇〇　　㊞

資料15 公正証書遺言書例

令和○年第○○号

遺 言 公 正 証 書

　本公証人は、遺言者○○○○の嘱託により、令和○年○月○日、証人○
○○○、証人○○○○の立会いのもと、次のとおり遺言者の口述を筆記し
てこの証書を作成する。

第1条　遺言者は、遺言者の有する財産全部を遺言者の妻○○○（昭和○
　　○年○月○日生）に相続させる。

第2条　遺言者は、遺言者の妻○○○が、遺言者より前に死亡していると
　　き、あるいは遺言者と同時に死亡したときは、前条により前記○○○に
　　相続させる財産を、遺言者の妹○○○○（昭和○○年○月○日生）及び
　　遺言者の弟○○○○（昭和○○年○月○日生）の2名の者に各2分の1
　　の割合により相続させる。

第3条　遺言者は、この遺言の遺言執行者として、前記○○○を指定する。

2　遺言執行者は、この遺言の執行のため、遺言者の有する預貯金等の金
　　融資産について、名義変更、払戻し及び解約等をする権限、不動産の登
　　記手続、その他この遺言を執行するために必要な一切の行為をする権限
　　（各手続又は行為をするに当たり他の相続人の同意は必要としない。）を
　　有するものとする。

本 旨 外 要 件

○○県○○市○○町○○番地

　　会社員

　　遺言者　　　　　　　　　　　　　○　　○　　○　　○

　　　　　　　　　　　　　　　　　昭和○○年○月○日生

　　上記者は、本職と面識がないので印鑑登録証明書を提出させ、その人違いでないことを証明させた。

○○県○○市○○町○○番地

　　司法書士

　　　証　人　　　　　　　　　　　○　　○　　○　　○

　　　　　　　　　　　　　　　　　昭和○○年○月○日生

○○県○○市○○町○○番地

　　司法書士

　　　証　人　　　　　　　　　　　○　　○　　○　　○

　　　　　　　　　　　　　　　　　昭和○○年○月○日生

　　以上のとおり遺言者及び証人に読み聞かせたところ、各自筆記の正確なことを承認し、次に署名押印する。

　　　　　　　　　　　　　　　　　○　　○　　○　　○　　㊞

　　　　　　　　　　　　　　　　　○　　○　　○　　○　　㊞

　　　　　　　　　　　　　　　　　○　　○　　○　　○　　㊞

　　この証書は、令和○年○月○日、本公証人役場において、証人が民法第974条に抵触しない旨の証人の陳述を受け、民法第969条第1号ないし第4号所定の方式に従って作成し、同条5号に基づき本職次に署名押印する。

　　○○県○○市○○町○番地

　　　○○法務局所属

　　　　公証人　　　　○○○　　㊞

-245-

資料16 検認申立書例（東京家庭裁判所HPより）

受付印	遺 言 書 検 認 申 立 書
	（この欄に収入印紙を貼ってください。遺言書1通につき800円分）
収入印紙　　　　円	
予納郵便切手　　　円	（貼った印紙に押印しないでください。）

準口頭		関連事件番号　平成・令和　　年（家　）第　　　　号

東京　家庭裁判所 　　　　　　御中 令和○○年○○月○○日	申　立　人 又は法定代理人 など の記名押印	東 山 花 子　　㊞

添付書類	遺言者の戸（除）籍謄本（出生から死亡までのもの）　　通 相続人全員の戸籍謄本　通

申 立 人	本　籍	東　京　（都）道 　　　　　　府県　　○○区○○町○丁目○番
	住　所	〒○○○ － ○○○○　　　　　　電話○○（○○○○）○○○○ 東京都○○区○○町○丁目○番○号　　　　　　　（　　　方）
	フリガナ 氏　名	ヒガシ　ヤマ　ハナ　コ 東 山 花 子	（昭和） 平成　○○年 ○ 月 ○ 日生
	申立資格	※ ①　遺言書の保管者　　2　遺言書の発見者
遺 言 者	本　籍	東　京　（都）道 　　　　　　府県　　○○区○○町○丁目○番
	住　所	〒○○○ － ○○○○ 東京都○○区○○町○丁目○番○号　　　　　　　（　　　方）
	フリガナ 氏　名	ヒガシ　ヤマ　タ　ロウ 東 山 太 郎	平成 （令和）　○○年 ○ 月 ○ 日死亡

（注）太枠の中だけ記入してください。　　※当てはまる番号を○でかこむこと。

遺言書検認（1／3）

	申　立　て　の　趣　旨
	遺言者の自筆証書による遺言書の検認を求める。

<table>
<tr><td colspan="2" align="center">申　立　て　の　理　由</td></tr>
<tr><td>封印等の
状　　況</td><td>※ ① 封印されている。　2 封印されていたが相続人（　　　　　）が開封した。
3 開封されている。　4 その他（　　　　　　　　　　　　　）</td></tr>
<tr><td>遺言書の

保管・発

見の状況

・場所等</td><td>※ ① 申立人が遺言者から平成・(令和) ○○年○○月○○日に預かり，下記の
　　場所で保管してきた。
2 申立人が平成・令和　　年　　月　　日下記の場所で発見した。
3 遺言者が貸金庫に保管していたが，遺言者の死後，申立人は平成・令和
　　　　年　　月　　日から下記の場所で保管している。
4 その他（　　　　　　　　　　　　　　　）
（場所）　東京都○○区○○町○丁目○番○号　申立人自宅内金庫
....</td></tr>
<tr><td>特記事項

その他</td><td></td></tr>
<tr><td>相続人等
の表示</td><td>別紙相続人等目録記載のとおり</td></tr>
</table>

（注）太枠の中だけ記入してください。※の部分は，当てはまる番号を○で囲み，4 を選んだ場合には，（　　）
　　　内に具体的に記入してください。

	検　認　済　証　明　申　請　書
	（この欄に遺言書1通につき収入印紙150円を貼ってください。） 　　　　　　　　　　（貼った印紙に押印しないでください。） 　本件遺言書が検認済みであることを証明してください。 　　　　令和○○年 ○ 月 ○○ 日 　　　　　　　　　申　立　人　　東　山　花　子　　　　　　印

上記検認済証明書　　通を受領しました。 　　　令和　　年　　月　日 　　　申立人　　　　　　　印	上記検認済証明書　　通を郵送した。 　　　令和　　年　　月　日 　　　裁判所書記官　　　　　　印

遺言書検認（2／3）

巻末資料

相 続 人 等 目 録

※申立人兼相続人	住 所	〒○○○ － ○○○○　　　　　　　電話 ○○ （○○○○）○○○○ 東京都○○区○○町○丁目○番○号　　　　　（　　　方）		
	フリガナ 氏 名	ﾋｶﾞｼﾔﾏ ﾊﾅｺ 東 山 花 子	昭和 (平成) 令和　○○年 ○ 月 ○ 日生	続柄	妻
※相続人	住 所	〒○○○ － ○○○○　　　　　　　電話 ○○ （○○○○）○○○○ 東京都○○区○○町○丁目○番○号　　　　　（　　　方）		
	フリガナ 氏 名	ｷﾀｶﾞﾜ ﾏ ﾕﾐ 北 川 真 弓	昭和 (平成) 令和　○○年 ○ 月 ○ 日生	続柄	長女
※相続人	住 所	〒○○○ － ○○○○　　　　　　　電話 ○○ （○○○○）○○○○ 東京都○○区○○町○丁目○番○号　　　　　（　　　方）		
	フリガナ 氏 名	ﾋｶﾞｼﾔﾏ ｲﾁ ﾛｳ 東 山 一 郎	昭和 (平成) 令和　○○年 ○ 月 ○ 日生	続柄	長男
※相続人	住 所	〒○○○ － ○○○○　　　　　　　電話 ○○ （○○○○）○○○○ 東京都○○区○○町○丁目○番○号　　　　　（　　　方）		
	フリガナ 氏 名	ﾋｶﾞｼﾔﾏ ｼﾞ ﾛｳ 東 山 次 郎	昭和 (平成) 令和　○○年 ○ 月 ○ 日生	続柄	二男
※	住 所	〒　－　　　　　　　　電話　（　）　（　　　方）		
	フリガナ 氏 名		昭和 平成 令和　　年　　月　　日生	続柄	
※	住 所	〒　－　　　　　　　　電話　（　）　（　　　方）		
	フリガナ 氏 名		昭和 平成 令和　　年　　月　　日生	続柄	

(注) 太枠の中だけ記入してください。　※の部分は，相続人，受遺者の別を記入してください。
　　　申立人が相続人の場合には，「申立人兼相続人」と記入してください。

遺言書検認（3／3）

資料17　遺言執行者選任申立書例（東京家庭裁判所HPより）

受付印	遺　言　執　行　者　選　任　申　立　書
	（収入印紙８００円分を貼ってください。）
収入印紙　　　　円	
予納郵便切手　　　円	（貼った印紙に押印しないでください。）

準口頭		関連事件番号　平成・令和　　年（家　　）第　　　　　号

東京　家庭裁判所 　　　　　　御中 令和 ○○ 年 ○○ 月 ○○ 日	申　立　人 又は法定代理人 など の 記 名 押 印	東　山　花　子　　㊞

添付書類	遺言者の戸（除）籍謄本　　通　　　　遺言執行者候補者の住民票　　通 遺言書写し　　通

	住　所	〒 ○○○ － ○○○○　　　　　　　電話 ○○ （○○○○）○○○○ 東京都○○区○○町○丁目○番○号　　　　　　　　　（　　　　方）
申 立 人	フリガナ 氏　名	ﾋﾞｶﾞｼ ﾔﾏ ﾊﾅ ｺ 東　山　花　子	昭和 （平成）○○年 ○ 月 ○ 日生
	申立資格	※　　　　　① 相続人 　　遺言者の・・・ 　　　　　　　　2 利害関係人（　　　　　　　　）
	職　業	会　社　員
遺 言 者	本　籍	東京　（都道） 　　　　府県　　○○区○○町○丁目○番
	住　所	〒 ○○○ － ○○○○ 東京都○○区○○町○丁目○番○号　　　　　　　　（　　　　方）
	フリガナ 氏　名	ﾋﾞｶﾞｼ ﾔﾏ ﾀ ﾛｳ 東　山　太　郎	平成 （令和）○○年 ○ 月 ○ 日死亡

（注）太枠の中だけ記入してください。　※の部分は，当てはまる番号を○で囲み，2を選んだ場合には，（　　　）内に具体的に記入してください。

遺言執行者（1／2）

申　立　て　の　趣　旨
遺言者の遺言につき遺言執行者の選任を求める。

<table>
<tr><td colspan="2">申　立　て　の　理　由</td></tr>
<tr><td>
※
① 遺言執行者の指定又は指定の委託がない。
2　遺言執行者に指定された者が就職を拒絶
　　している。
3　遺言執行者の指定の委託を受けた者が，
　　その委託を辞任した。
4　遺言執行者が死亡した。
5　遺言執行者が解任された。
</td>
<td>
6　遺言執行者が辞任した。
7　遺言執行者が未成年者である。
8　遺言執行者が破産者である。
9　その他（　　　　　　　）
</td></tr>
</table>

（その具体的実情の詳細）
1　申立人は，遺言者の相続人（長女）です。
2　遺言者が平成○○年○月○日にした遺言書について，御庁において，令和○○年
○○月○○日に検認を受けました（令和○○年（家）第○○号）が遺言執行者の指定
がないので，その選任を求めます。
なお，遺言執行者として，次の者を選任することを希望します。

<table>
<tr>
<td rowspan="4">遺言執行者候補者</td>
<td>住　所</td>
<td>〒 ○○○ － ○○○○　　　　　　　　電話 ○○ （○○○○）○○○○
東京都○○区○○町○丁目○番○号　　　　　　　　　（　　　方）</td>
</tr>
<tr>
<td>フリガナ
氏　名</td>
<td>ヒガシヤマ イチロウ
東 山 一 郎</td>
</tr>
<tr>
<td>遺言者との関係</td>
<td>① 相続人 （ 長 男 ）　2　利害関係人 （　　　　　　）
3　その他 （　　　　）</td>
</tr>
<tr>
<td>職　業</td>
<td>司法書士</td>
</tr>
</table>

（注）太枠の中だけ記入してください。　　※の部分は，当てはまる番号を○で囲み，9を選んだ場合は，
　　（　　　　）内に具体的に記入してください。

遺言執行者（2／2）

資料18　包括遺贈の放棄申述書例

受付印	包 括 遺 贈 放 棄 申 述 書
	（この欄に申立人１人について収入印紙８００円分を貼ってください。）
収入印紙　　　　円	
予納郵便切手　　　円	（貼った印紙に押印しないでください。）

準口頭		関連事件番号　平成・令和　　年（家　　）第　　　　号

東京　家庭裁判所 　　　　　　　　御中 令和〇年〇月〇日	申　述　人 未成年者などの場合は法定代理人の記名押印	乙　野　一　郎　㊞

添付書類	（同じ書類は１通で足ります。審理のために必要な場合は追加書類の提出をお願いすることがあります。） 戸籍（除籍・改製原戸籍）謄本（全部事項証明書） 被相続人の住民票除票又は戸籍附票 遺言書の写し

申述人	本　籍 （国　籍）	〇〇 都道府県 〇〇市〇〇町〇丁目〇〇番地		
	住　所	〒〇〇〇－〇〇〇〇　　　　　電話　〇〇〇（〇〇〇〇）〇〇〇〇 東京都〇〇区×××〇丁目〇〇番〇〇号　〇〇アパート〇号室（　　方）		
	フリガナ 氏　名	オツノ　イチ ロウ 乙　野　一　郎	昭和 平成 令和 〇〇年〇〇月〇〇日生（〇〇歳）	職業 会社員
	被相続人との関係	※　被相続人の・・・　1 子　2 孫　3 配偶者　4 直系尊属（父母・祖父母） 5 兄弟姉妹　⑥ おいめい　7 その他（　　　　　）		

法定代理人等	※ 1 親権者 2 後見人 3	住　所	〒　－　　　　　電話　（　　）（　　方）	
		フリガナ 氏　名	フリガナ 氏　名	

遺言者	本　籍 （国　籍）	〇〇 都道府県 〇〇市〇〇町〇丁目〇〇番地	
	最後の住所	東京都〇〇区×××〇丁目〇〇番〇〇号	死亡当時の職業 無職
	フリガナ 氏　名	コウノ　オツタロウ 甲　野　乙太郎	平成・令和　〇〇年　〇〇月　〇〇日死亡

（注）太枠の中だけ記入してください。　※の部分は，当てはまる番号を〇で囲み，被相続人との関係欄の7，法定代理人等欄の3を選んだ場合には，具体的に記載してください。

申　述　の　趣　旨
令和○年○月○日付自筆証書遺言による包括遺贈を放棄する。

申　述　の　理　由
※ 包括遺贈のあったことを知った日・・・・平成・(令和) ○○年 ○○月 ○○日

① 被相続人死亡の当日　　　3　先順位者の相続放棄を知った日
2　死亡の通知をうけた日　　4　その他（　　　　　　　　）

放 棄 の 理 由	相 続 財 産 の 概 略		
※ 1　被相続人から生前に贈与を受けている。 ② 生活が安定している。 3　遺産が少ない。 4　遺産を分散させたくない。 5　債務超過のため。 6　その他 [　　　]	資	農　地・・・・・約＿＿＿平方メートル 山　林・・・・・約＿＿＿平方メートル 宅　地・・・・・約＿＿＿平方メートル 建　物・・・・・約＿＿＿平方メートル
	産	現金・預貯金・・約**１００**万円 有価証券・・・・約＿＿＿万円
	負　債・・・・・・約＿＿＿＿＿＿万円	

（注）太枠の中だけ記入してください。　※の部分は，当てはまる番号を○で囲み，申述の理由欄の４，
　　放棄の理由欄の６を選んだ場合には，（　　）内に具体的に記入してください。

資料19　遺留分侵害額調停申立書例

受付印	☑ 調停
	家事　　　　申立書　事件名（　遺留分侵害額の請求　）
	☐ 審判

（この欄に申立て1件あたり収入印紙1,200円分を貼ってください。）

| 印 |
| 紙 |

（貼った印紙に押印しないでください。）

| 収入印紙　　　　　円 |
| 予納郵便切手　　　　円 |

東 京 家庭裁判所　　　　　御中 令和　〇〇年　〇 月　〇 日	申　立　人 （又は法定代理人など） の 記 名 押 印	**甲　野　一　郎** ㊞

添付書類	（審理のために必要な場合は，追加書類の提出をお願いすることがあります。） 申立人の戸籍謄本　相手方の戸籍謄本 被相続人の戸籍謄本　不動産登記簿謄本 遺言書の写し等	準 口 頭

申立人	本　籍 （国　籍）	（戸籍の添付が必要とされていない申立ての場合は，記入する必要はありません。） 〇〇 都道府県 〇〇 市 〇〇 町 〇 番地
	住　所	〒 〇〇〇 － 〇〇〇〇 東京都 〇〇 区 ××× 〇丁目〇番〇号 ハイツ〇〇　〇〇〇 号　　（　　　方）
	フリガナ 氏　名	コウ ノ イチ ロウ **甲　野　一　郎**	昭和 平成 〇 年 〇 月 〇 日生（　〇〇　歳）
相手方	本　籍 （国　籍）	（戸籍の添付が必要とされていない申立ての場合は，記入する必要はありません。） 〇〇 都道府県 〇〇 市 〇〇 町 〇 番地
	住　所	〒 〇〇〇 － 〇〇〇〇 東京都 〇〇 区 ××× 〇丁目〇番〇号　　（　　　方）
	フリガナ 氏　名	オツ カワ ハナ コ **乙　川　花　子**	昭和 平成 〇 年 〇 月 〇 日生（　〇〇　歳）

（注）太枠の中だけ記入してください。

申　立　て　の　趣　旨
相手方は，申立人に対し，遺留分侵害額に相当する金銭を支払うとの調停を求めます。

申　立　て　の　理　由
1　被相続人甲野太郎（本籍〇〇県〇〇市〇〇町〇丁目〇番地）は，その配偶者英子死亡後の平成〇年ころから相手方と同棲し内縁関係にありましたが，令和〇年〇月〇日に相手方の住所において死亡し，相続が開始しました。相続人は，被相続人の長男である申立人だけです。
2　被相続人は，遺産のすべてを相手方に遺贈する旨の令和〇年〇月〇日付け自筆証書による遺言書（令和〇年〇月〇日検認済み）を作成しています。
3　被相続人の遺産は，別紙遺産目録記載のとおりであり，負債はありません。
4　申立人は，相手方に対し，上記遺贈が申立人の遺留分を侵害するものであるから，令和〇年〇月〇日到着の内容証明郵便により，遺留分侵害額請求権を行使する旨の意思表示をしましたが，相手方は金銭の支払についての話し合いに応じようとしないため，申立ての趣旨のとおりの調停を求めます。

※遺産目録の記載は省略します。

資料20　遺留分放棄許可申立書例（名古屋家庭裁判所HPより）

受付印	家事審判申立書　事件名（　遺留分放棄の許可　）
記載例	（この欄に申立手数料として1件について800円分の収入印紙を貼ってください。） （貼った印紙に押印しないでください。） （注意）登記手数料としての収入印紙を納付する場合は，登記手数料としての収入印紙は貼らずにそのまま提出してください。

収入印紙	円
予納郵便切手	円
予納収入印紙	円

準口頭		関連事件番号　令和　　年（家　　）第　　　　　　　号

名古屋家庭裁判所 御中 令和　〇年　〇月　〇日	申　立　人 （又は法定代理人など） の記名押印	甲　野　杉　男　㊞

添付書類	（審理のために必要な場合は，追加書類の提出をお願いすることがあります。）

	本　籍 (国　籍)	（戸籍の添付が必要とされていない申立ての場合は，記入する必要はありません。） 〇〇　都道府県　〇〇市〇〇町一丁目〇番地
申	住　所	〒〇〇〇－〇〇〇〇　　　　電話〇〇〇〇（〇〇〇）〇〇〇〇 〇〇県〇〇市〇〇町一丁目〇番〇号　〇〇ハイツ〇〇号 　　　　　　　　　　　　　　　　　　　方）
立	連絡先	〒　　－　　　　　　　　電話　　（　　） （注:住所で確実に連絡できるときは記入しないでください。）　方）
人	フリガナ 氏　名	コウ　ノ　　スギ　オ 甲　野　杉　男	大正・昭和・平成・令和　〇年　〇月　〇日生 （　〇〇　歳）
	職　業	会　社　員	

※	本　籍 (国　籍)	（戸籍の添付が必要とされていない申立ての場合は，記入する必要はありません。） 〇〇　都道府県　〇〇市〇〇町一丁目〇番地
被	最後の 住　所	〒〇〇〇－〇〇〇〇　　　　電話　　（　　） 〇〇県〇〇市〇〇町一丁目〇番〇号　〇〇マンション〇号 　　　　　　　　　　　　　　　　　　　方）
相	連絡先	〒　　－　　　　　　　　電話　　（　　） 　方）
続	フリガナ 氏　名	コウ　ノ　　タ　ロウ 甲　野　太　郎	大正・昭和・平成・令和　〇年　〇月　〇日生 （　〇〇　歳）
人	職　業	無　職	

（注）　太枠の中だけ記入してください。
※の部分は，申立人，法定代理人，成年被後見人となるべき者，不在者，共同相続人，被相続人等の区別を記入してください。

別表第一（1/　）

申　立　て　の　趣　旨
被相続人甲野太郎の相続財産に対する遺留分を放棄することを許可する旨の審判を求めます。

申　立　て　の　理　由
1　申立人は，被相続人の長男です。
2　申立人は，以前，自宅を購入するに際し，被相続人から多額の資金援助をしてもらいました。また，会社員として稼働しており，相当の収入があり，生活は安定しています。
3　このような事情から，申立人は，被相続人の遺産を相続する意思がなく，相続開始前において遺留分を放棄したいと考えますので，申立ての趣旨とおりの審判を求めます。

別表第一（ 　/ 　 ）

財　産　目　録

```
記載例
```

(土地)

番号	所　　　　　在	地　　番		地目	面積(㎡)		備考
		番			平方メートル(坪)		
1	〇〇市〇〇町〇丁目	〇	〇	宅地	200	00	建物1の敷地
2	××市××町×丁目	×	×	宅地	480	00	建物2の敷地
3	××市△△町×丁目	×	×	宅地	480	00	

(建物)

番号	所　　　　　在	家屋番号	種類	構　造	床面積(㎡)		備考
					平方メートル(坪)		
1	〇〇市〇〇町〇丁目	〇〇	居宅	木造瓦葺平屋建	90	00	相手方が居住
2	××市××町×丁目	××	共同住宅	木造モルタル瓦葺2階建	1階320 2階320	00 00	
3	××市△△町×丁目	××	共同住宅	軽量鉄骨造2階建	1階320 2階320	00 00	

(現金, 預貯金, 株券等)

番号	品　　　　目	単位	数　量（金　額）	備　考
1	〇〇銀行定期預金(番号〇〇〇-〇〇〇)		2,104,000円	申立人が保管
2	××銀行定期預金(番号〇〇〇-〇〇〇)		1,012,000円	同上
3	〇×株式会社　株式	50円	8,000株	同上
4	〇×株式会社　株式	50円	3,000株	同上
5	△△銀行定期預金(番号〇〇〇-〇〇〇)		1,035,000円	相手方が保管
6	〇△株式会社　株式	50円	9,000株	同上

資料21 遺留分放棄証書例

遺留分放棄証書

　私は、本日、被相続人〇〇〇〇（本籍　〇〇県〇〇市〇〇町〇番地、最後の住所　〇〇県〇〇市〇〇町〇番地、死亡日　令和〇年〇月〇日）の相続について自己の遺留分を放棄します。

令和〇年〇月〇日
　　　　　　住所　〇〇県〇〇市〇〇町〇番地
　　　　　　氏名　　〇〇〇〇　　　　　㊞

資料22　民法等の一部を改正する法律（令和３年４月28日法律第24号）の新旧対照表（抄）

改正後	改正前
（相続財産の保存） 第897条の2　家庭裁判所は、利害関係人又は検察官の請求 によって、いつでも、相続財産の管理人の選任その他の相続財産の保存に必要な処分を命ずることができる。ただし、相続人が一人である場合においてその相続人が相続の単純承認をしたとき、相続人が数人ある場合において遺産の全部の分割がされたとき、又は第952条第1項の規定により相続財産の清算人が選任されているときは、この限りでない。 2　第27条から第29条までの規定は、前項の規定により家庭裁判所が相続財産の管理人を選任した場合について準用する。	（新設）
（共同相続の効力） 第898条　（略） 2　相続財産について共有に関する規定を適用するときは、第900条から第902条までの規定により算定した相続分をもって各相続人の共有持分とする。	（共同相続の効力） 第898条　（同上） （新設）
（期間経過後の遺産の分割における相続分） 第904条の3　前三条の規定は、相続開始の時から10年を経過した後にする遺産の分割については、適用しない。ただし、次の各号のいずれかに該当するときは、この限りでない。	（新設）
一　相続開始の時から10年を経過する前に、相続人が家庭裁判所に遺産の分割の請求をしたとき。 二　相続開始の時から始まる10年の期間の満了前6箇月以内の間に、遺産の分割を請求することができないやむを得ない事由が相続人にあった場合において、その事由が消滅した時から六箇月を経過する前に、当該相続人が家庭裁判所に遺産の分割の請求をしたとき。	（新設）

（遺産の分割の協議又は審判）	（遺産の分割の協議又は審判等）
第 907 条　共同相続人は、次条第1項の規定により被相続人が遺言で禁じた場合又は同条第2項の規定により分割をしない旨の契約をした場合を除き、いつでも、その協議で、遺産の全部又は一部の分割をすることができる。	第 907 条　共同相続人は、次条の規定により被相続人が遺言で禁じた場合を除き、いつでも、その協議で、遺産の全部又は一部の分割をすることができる。
2　（略）	2　（同上）
（削る）	3　前項本文の場合において特別の事由があるときは、家庭裁判所は、期間を定めて、遺産の全部又は一部について、その分割を禁ずることができる。
（遺産の分割の方法の指定及び遺産の分割の禁止）	（遺産の分割の方法の指定及び遺産の分割の禁止）
第908条　（略）	第908条　（同上）
2　共同相続人は、5年以内の期間を定めて、遺産の全部又は一部について、その分割をしない旨の契約をすることができる。ただし、その期間の終期は、相続開始の時から10年を超えることができない。	（新設）
3　前項の契約は、5年以内の期間を定めて更新することができる。ただし、その期間の終期は、相続開始の時から10年を超えることができない。	（新設）
4　前条第2項本文の場合において特別の事由があるときは、家庭裁判所は、5年以内の期間を定めて、遺産の全部又は一部について、その分割を禁ずることができる。ただし、その期間の終期は、相続開始の時から10年を超えることができない。	（新設）
5　家庭裁判所は、5年以内の期間を定めて前項の期間を更新することができる。ただし、その期間の終期は、相続開始の時から10年を超えることができない。	（新設）
（相続人による管理）	（相続財産の管理）
第918条　（略）	第918条　（同上）
（削る）	2　家庭裁判所は、利害関係人又は検察官の請求によって、いつでも、相続財産の保存に必要な処分を命ずることができる。
（削る）	3　第27条から第29条までの規定は、前項の規定により家庭裁判所が相続財産の管理人を選任した

	場合について準用する。
（限定承認者による管理）	（限定承認者による管理）
第926条　（略）	第926条　（同上）
2　第645条、第646条並びに第650条第1項及び第2項の規定は、前項の場合について準用する。	2　第645条、第646条、第650条第1項及び第2項並びに第918条第2項及び第3項の規定は、前項の場合について準用する。
（相続人が数人ある場合の相続財産の清算人）	（相続人が数人ある場合の相続財産の管理人）
第936条　相続人が数人ある場合には、家庭裁判所は、相続人の中から、相続財産の清算人を選任しなければならない。	第936条　相続人が数人ある場合には、家庭裁判所は、相続人の中から、相続財産の管理人を選任しなければならない。
2　前項の相続財産の清算人は、相続人のために、これに代わって、相続財産の管理及び債務の弁済に必要な一切の行為をする。	2　前項の相続財産の管理人は、相続人のために、これに代わって、相続財産の管理及び債務の弁済に必要な一切の行為をする。
3　第926条から前条までの規定は、第1項の相続財産の清算人について準用する。この場合において、第927条第1項中「限定承認をした後5日以内」とあるのは、「その相続財産の清算人の選任があった後10日以内」と読み替えるものとする。	3　第926条から前条までの規定は、第1項の相続財産の管理人について準用する。この場合において、第927条第1項中「限定承認をした後5日以内」とあるのは、「その相続財産の管理人の選任があった後10日以内」と読み替えるものとする。
（相続の放棄をした者による管理）	（相続の放棄をした者による管理）
第940条　相続の放棄をした者は、その放棄の時に相続財産に属する財産を現に占有しているときは、相続人又は第952条第1項の相続財産の清算人に対して当該財産を引き渡すまでの間、自己の財産におけるのと同一の注意をもって、その財産を保存しなければならない。	第940条　相続の放棄をした者は、その放棄によって相続人となった者が相続財産の管理を始めることができるまで、自己の財産におけるのと同一の注意をもって、その財産の管理を継続しなければならない。
2　第645条、第646条並びに第650条第1項及び第2項の規定は、前項の場合について準用する。	2　第645条、第646条、第650条第1項及び第2項並びに第918条第2項及び第3項の規定は、前項の場合について準用する。
（相続財産の清算人の選任）	（相続財産の管理人の選任）
第952条　前条の場合には、家庭裁判所は、利害関係人又は検察官の請求によって、相続財産の清算人を選任しなければならない。	第952条　前条の場合には、家庭裁判所は、利害関係人又は検察官の請求によって、相続財産の管理人を選任しなければならない。

2　前項の規定により相続財産の<u>清算人</u>を選任した
ときは、家庭裁判所は、遅滞なく、<u>その旨及び相続
人があるならば一定の期間内にその権利を主張す
べき旨</u>を公告しなければならない。<u>この場合にお
いて、その期間は、6箇月を下ることができない。</u>

（不在者の財産の管理人に関する規定の準用）
第953条　第27条から第29条までの規定は、前条
第1項の<u>相続財産の清算人</u>（以下この章において
単に「<u>相続財産の清算人</u>」という。）について準用
する。

（相続財産の<u>清算人</u>の報告）
第954条　<u>相続財産の清算人</u>は、相続債権者又は受
遺者の請求があるときは、その請求をした者に相
続財産の状況を報告しなければならない。

（相続財産法人の不成立）
第955条　相続人のあることが明らかになったとき
は、第951条の法人は、成立しなかったものとみ
なす。ただし、<u>相続財産の清算人</u>がその権限内でし
た行為の効力を妨げない。

（<u>相続財産の清算人</u>の代理権の消滅）
第956条　<u>相続財産の清算人</u>の代理権は、相続人が
相続の承認をした時に消滅する。
2　前項の場合には、<u>相続財産の清算人</u>は、遅滞なく
相続人に対して<u>清算に係る</u>計算をしなければなら
ない。

（相続債権者及び受遺者に対する弁済）
第957条　第952条第2項の公告があったときは、
<u>相続財産の清算人は、全ての</u>相続債権者及び受遺
者に対し、<u>2箇月以上の期間を定めて、</u>その期間内
にその請求の申出をすべき旨を公告しなければな
らない。この場合において、その期間は、<u>同項の規
定により相続人が権利を主張すべき期間として家
庭裁判所が公告した期間内に満了するものでなけ
ればならない。</u>

2　前項の規定により相続財産の<u>管理人</u>を選任した
ときは、家庭裁判所は、遅滞なく<u>これを</u>公告しな
ければならない。

（不在者の財産の管理人に関する規定の準用）
第953条　第27条から第29条までの規定は、前条
第1項の相続財産の管理人（以下この章において
単に「相続財産の管理人」という。）について準用
する。

（相続財産の<u>管理人</u>の報告）
第954条　<u>相続財産の管理人</u>は、相続債権者又は受
遺者の請求があるときは、その請求をした者に相
続財産の状況を報告しなければならない。

（相続財産法人の不成立）
第955条　相続人のあることが明らかになったとき
は、第951条の法人は、成立しなかったものとみ
なす。ただし、<u>相続財産の管理人</u>がその権限内で
した行為の効力を妨げない。

（<u>相続財産の管理人</u>の代理権の消滅）
第956条　<u>相続財産の管理人</u>の代理権は、相続人が
相続の承認をした時に消滅する。
2　前項の場合には、<u>相続財産の管理人</u>は、遅滞な
く相続人に対して<u>管理の</u>計算をしなければならな
い。

（相続債権者及び受遺者に対する弁済）
第957条　第952条第2項の公告があった<u>後2箇月
以内に相続人のあることが明らかにならなかった</u>
ときは、<u>相続財産の管理人は、遅滞なく、すべて</u>
の相続債権者及び受遺者に対し、<u>一定の</u>期間内に
その請求の申出をすべき旨を公告しなければなら
ない。この場合において、その期間は、<u>2箇月を
下ることができない。</u>

2　（略）	2　（同上）
	（相続人の捜索の公告）
（削る）	第958条　前条第1項の期間の満了後、なお相続人のあることが明らかでないときは、家庭裁判所は、相続財産の管理人又は検察官の請求によって、相続人があるならば一定の期間内にその権利を主張すべき旨を公告しなければならない。この場合において、その期間は、6箇月を下ることができない。
（権利を主張する者がない場合）	（権利を主張する者がない場合）
第958条　第952条第2項の期間内に相続人としての権利を主張する者がないときは、相続人並びに相続財産の清算人に知れなかった相続債権者及び受遺者は、その権利を行使することができない。	第958条の2　前条の期間内に相続人としての権利を主張する者がないときは、相続人並びに相続財産の管理人に知れなかった相続債権者及び受遺者は、その権利を行使することができない。
（特別縁故者に対する相続財産の分与）	（特別縁故者に対する相続財産の分与）
第958条の2　（略）	第958条の3　（同上）
2　前項の請求は、第952条第2項の期間の満了後3箇月以内にしなければならない。	2　前項の請求は、第958条の期間の満了後3箇月以内にしなければならない。

［筆者紹介］

石田　健悟（司法書士・法学博士）

（略歴）
1986年　愛知県生まれ。
2012年　司法書士登録、翌年より出身地の愛知県春日井市にて開業（現：石田司法書士・行政書士・社会保険労務士合同事務所）
2017年　神戸大学大学院法学研究科博士後期課程修了（専攻：民法・民事信託・任意後見）
2019年　株式会社ミライニ創業

〈主な著書〉
『資産承継・事業承継の実務―民事信託・遺言・任意後見・種類株式の活用―』（テイハン、2022年）
『民法と民事信託（理論編）―遺言、民事信託、任意後見の連携・棲み分け論―』（法論社、2018年）

相続放棄と限定承認の実務
―相続の基本的な仕組みから相続財産管理人の活用まで―

2022年6月17日　初版第1刷印刷　定価：3,520円（本体価格：3,200円）
2022年6月23日　初版第1刷発行

不複
許製

著　者　　石　田　　　健　悟
発行者　　坂　巻　　　徹

発行所　　東京都文京区本郷5丁目11-3　株式会社 テイハン
電話 03(3811)5312　FAX 03(3811)5545/〒113-0033
ホームページアドレス https://www.teihan.co.jp

〈検印省略〉

印刷／株式会社平河工業社
ISBN978-4-86096-155-8